Werner Wirth **Poulet & Co – Gabelzart**

Werner Wirth

Poulet & Co
Gabelzart

Die andere Garmethode für mehr Genuss

Abkürzungen
- TL Teelöffel
- EL Esslöffel
- cl Centiliter (0,1 dl)
- dl 0,1 Liter
- Msp Messerspitze

Die Zutaten- und Mengenangaben sind,
wenn nicht anders vermerkt,
immer für vier Personen berechnet.

Bibliografische Information der Deutschen Bibliothek
Die Deutsche Bibliothek verzeichnet diese Publikation in der Deutschen Nationalbibliografie;
detaillierte bibliografische Daten sind im Internet über http://dnb.ddb.de abrufbar.

ISBN 978-3-9522763-2-7

Alle Rechte vorbehalten
Copyright © 2012 by Verlag WeWi Urtenen

Fotos: Cuisine2000.ch; Frifag, Märwil; Henry Oehrli, Jegenstorf; Proviande, Bern; Autor
Bearbeitung und Produktion: Kurt Thönnes, die Werkstatt, Hindelbank

Bezugsquelle, Anregungen, Wünsche:
Verlag We Wi Längenrüppstrasse 70 CH-3322 Urtenen
Telefon 031 859 50 45 Fax 031 859 50 34 www.wewi2.ch E-Mail: info@wewi.ch

Inhalt

- 6 Rezeptübersicht
- 9 Wir gratulieren

- 13 Die Ausgangslage
- 17 Geflügel & Co

- 27 Das Umfeld
- 29 1. Fleisch-Basis
- 32 2. Fleisch-Qualität
- 38 3. Fleischreifung
- 43 4. Hilfsmittel
- 45 5. Marinaden
- 47 6. Zubereitung
- 55 7. Kochzeiten
- 57 8. Hygiene
- 60 9. Gesetze

- 63 Die fünf Garmethoden
- 64 Magerer Braten
- 76 Braten mit Fett durchzogen
- 87 Steaks
- 107 Geschnetzeltes
- 128 Saucenfleisch und Füllungen

- 154 Begriffe
- 156 Register
- 159 Dank

Rezeptübersicht

94	Berner Trutenpäckli
116	Bözberger Minifilets an Pilz-Rahmsauce
140	Chinesische scharf-saure Suppe
102	Coq au Vin jaune
74	Entenschenkel ohne Bein
66	Gänsebrust mit Rosinensauce
101	Hühnerpaprikasch ungarisch
70	Kalbsbraten rustikal
84	Karree-Blätz an Bärlauchsauce
97	Marokkanisches Pouletsteak
124	Minifilets à l'Orange
120	Minifilets als Salatbeigabe
118	Minifilets fritiert
121	Minifilets an Kräuter-Käse-Rahmsauce
152	Ossobucco à l'Orlow
111	Pouletbrust mit Feigen oder Datteln
146	Pouletbrust-Roulade
82	Poulet Butterfly (americaine)
148	Pouletcake an Käsesauce
109	Pouleteintopf provençale
80	Poulet ganz
126	Poulet-Geschnetzeltes mit Curry

138 Poulet-Lasagne
147 Poulet-Leberpain
114 Pouletschenkel mit Äpfeln
 79 Pouletschenkel mit Knochen primitiv
 92 Pouletsteak provençale
 89 Pouletschenkelsteak in Senfsauce
110 Pouletstückchen orientalisch
 90 Pouletsteak mit Blumenkohl-Curry
100 Pouletwürfel mit Steinpilzen
112 Pouletwürfel Südamerika

 72 Rindsfilet am Stück rustikal
150 Rinds-Sauerbraten
125 Rotweingeschnetzeltes de Luxe

104 Spanische Pouletstücke
132 Suppenhuhn
122 Sweet and Sour Chicken

136 Thailändische Geflügelsuppe
 68 Trutenbraten
 98 Trutengrillspiess mit Chutney
142 Trutenhackbraten spezial
130 Trutenragout spezial
 96 Truten-Saltimbocca provençale
134 Trutenschenkel ganz mit Bein
145 Truthahnfüllung

105 Vietnamesische Pouletschenkel karamelisiert

Vorwort

Wir gratulieren

Sie haben gut gewählt.

Nach den Bestsellern *Intelligente Küche* (leider vergriffen), *Gabelzart* (8. Auflage) und *Zart Garen* (Rezeptbuch) setzt sich der Autor im vorliegenden Buch besonders mit Geflügel auseinander, ohne die übrigen Fleischarten ausseracht zu lassen.

Dass Geflügel in vieler Hinsicht ein äusserst bemerkenswertes Gut ist, wird in diesem Buch deutlich. Dazu kommt, dass wir Fleisch täglich garen, ohne uns viele Gedanken darüber zu machen. Grob gesagt, behandeln wir Fleisch wie vor 60 Jahren – nur wurde es damals noch mit Fett, Knochen und Sehnen verkauft und zubereitet. Die meisten Rezepte sind zu dieser Zeit entstanden. Wenn Sie heute den völlig übertriebenen Fleischzuschnitt in der Auslage des Fleischanbieters anschauen, merken Sie sofort, dass die Rezepte nicht mehr zum Fleischschnitt passen. Fett und Bindegewebe – eigentlich verantwortlich für den Geschmack und den Schutz des Fleisches beim Garen – werden rigoros weggeschnitten.

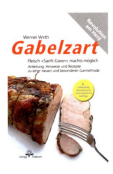

Während der Grossteil der Gastroelite – die Fernsehköche in Europa eingeschlossen – auf den ausgetretenen Pfaden mit viel Aufwand und noch mehr Marketing stur weiterkochen, beschreitet *Gabelzart* neue Wege und kommt zu verblüffenden Lösungen, die nicht nur einfach anzuwenden sind, sondern sogar zu einer neuen Genussdimension führen.

Der Autor Werner Wirth, Metzgermeister und Amateurkoch in ständiger Weiterbildung, hat schon sehr früh damit begonnen, die Zusammenhänge beim Garen von Fleisch zu hinterfragen. Er argumentiert fadengerade, ist hartnäckig und beharrlich bei der Suche nach neuen Lösungen. Seine Kreativität und sein lösungsorientiertes Handeln bei der Umsetzung in die Praxis sind beispielhaft und der (Galgen)-Humor an seinen Veranstaltungen sogar unterhaltsam. Die Reaktionen seiner Leser sind sehr beachtlich, was ihm schmeichelhafte Titel wie Fleisch-Guru, Fleisch-Messias oder Missionar gebracht hat.

Der Autor macht seine eigene Salami.

Unzählige eigene Kochversuche über 50 Jahre, intime Kenntnisse über das Nahrungsmittel Fleisch und eine ausgeprägte Kombinationsgabe haben zu einem neuen Garverfahren geführt, welches dem Leser ein völlig neues Genusserlebnis offenbart. Ein jahrelanger und intensiver Kontakt mit Professor Dr. Karl-Otto Honikel, früher Fleischforscher und Leiter der Bundesanstalt für Fleischforschung in Kulmbach/Deutschland, hat dazu beigetragen, dass *Gabelzart* sicher und wissenschaftlich abgestützt ist. Die Wissenschaft attestiert *Gabelzart* einen bisher unbekannt schonenden Umgang zur Erhaltung der wertvollen B-Vitamine und eine verblüffende Zartheit des Fleisches. Da Genuss und Rendite bei Fleisch immer zusammengehören, profitiert der Leser auch finanziell, weil dabei der Gewichtsverlust kleiner ist.

Dieses Buch nur zu lesen genügt nicht. Machen Sie einen Garversuch mit dem Lieblingsfleischstück des Autors, einem Pouletschenkel ohne Knochen, und tauchen Sie ein in eine bisher unbekannte Genusswelt. Wir wünschen Ihnen tolle Erlebnisse.

Der Verlag

Die Ausgangslage

Gabelzart ist ein europäisch geschützter Begriff des Verlags We Wi für eine besonders sanfte Garmethode für Fleisch, also auch für Geflügel. Dank diesem Verfahren können Sie von folgenden Vorteilen profitieren:

- viel zarteres Fleisch dank schonendem Umgang
- gesünderes Fleisch dank mehr Vitamin B2 auf dem Teller
- markante Einsparungen dank weniger Gewichtsverlust
- bis zu einem Drittel weniger Energieaufwand
- weniger Reinigungsaufwand
- weniger Umweltbelastung dank weniger Verschmutzung.

Kochen heisst, für Genuss zu sorgen. Genuss entsteht, wenn jedem Fleisch die entsprechende Aufmerksamkeit geschenkt wird und die Zubereitung so sanft wie möglich erfolgt. *Gabelzart* zeigt Ihnen den neuen Weg auf, das Fleisch muskelgerecht, umfassend und möglichst sanft zu behandeln. Das Ergebnis dieser revolutionären Garmethode ist ein völlig neues Genusserlebnis. Dies tönt vielleicht kompliziert, ist es aber nicht, weil Sie in diesem Buch genaue Anleitungen dazu finden.

Zu kalt – zu schnell – zu heiss

So fatal muss die Situation in der Küche heute umschrieben werden. Dass so kein oder nur wenig Genuss entstehen kann, ist verständlich, aber vielen Leuten nicht bewusst.

Zu kalt: Wir Konsumenten in Westeuropa sind Kälte- und Hygiene-geschädigt. Der Gesetzgeber verlangt, dass Fleisch bei sehr tiefen Temperaturen (unter 5° C) verarbeitet und aufbewahrt wird. Eine derart tiefe Temperatur hindert die Enzyme daran, Fleisch zart zu machen, weil diese Wärme brauchen. Nicht umsonst hat Professor Dr. Karl-Otto Honikel an der Vorstellung des Buches *Gabelzart* an der Universität Bern die Situation so umschrieben: «So wie wir Fleisch in Westeuropa behandeln, ist es die schlechtest mögliche Art für den Genuss.» Die heute gültige Gesetzesregelung verhindert, dass der Metzger richtig zartes Fleisch verkaufen darf. Wer zartes Fleisch will, muss es selber reifen lassen.

Zu schnell: Heute muss alles schnell gehen. Fleisch reagiert auf Schnelligkeit wie ein Mensch, wenn es ihm zu viel wird: Spannung und Druck entstehen. Dies erfolgt beim Fleisch auf Kosten des Genusses. «Was ist der Unterschied zwischen einem Menschen und einem Stück Fleisch?», mit dieser zugegebenermassen provokativen Frage starte ich meine Ausführungen zu einer besseren Fleischbehandlung. Es besteht kein Unterschied, beides lebt. Und was lebt, verlangt gut behandelt zu werden. Ist dies nicht der Fall, so entstehen sehr schnell Druck und Spannung, was zu unliebsamen Vorkommnissen führt. Dies ist bei einem Stück Fleisch genau gleich wie bei einem Menschen. Der bestens ausgebildete Mensch erbringt eine ungenügende Leistung, wenn er am falschen Arbeitsplatz eingesetzt oder mit der falschen Aufgabe betraut wird. Bei einem Stück Fleisch ist es genau gleich – wer ein gut gelagertes Rindsfilet nimmt, um daraus ein Siedfleisch herzustellen, kann nur sehr wenig Genuss erwarten.

Kennen Sie das Vorgehen, wenn Ihr Vorgesetzter in Ihr Büro kommt und etwas Spezielles oder Unangenehmes wünscht? Nur in den wenigsten Fällen kommt er gleich direkt zur Sache – meistens macht er zuerst etwas Stimmung und «chambriert», bevor er sein Anliegen äussert. Bei einem Stück Fleisch ist es ähnlich: Je kleiner die Temperaturdifferenz, desto kleiner die Spannung und somit der Gewichtsverlust. Wer seine Methode in der Küche hinterfragt, staunt, wie unkritisch wir mit Fleisch umgehen.

Zu heiss: Wer Fleisch direkt hohen Temperaturen aussetzt, ist nicht an Genuss interessiert. Und das passiert öfters als Sie denken.

Geflügel

Geflügel wird in der Küche verkannt. Kaum ein Nahrungsmittel leidet derart unter falscher Behandlung und unter Fehlinformationen. Geflügel ist das ökologischste, bekömmlichste und problemloseste Fleisch, wenn es richtig behandelt wird. Deshalb wird in diesem Buch Geflügel ein breiter Raum gegeben, ohne das andere Fleisch zu vergessen.

Geflügel & Co

Geflügelfleisch, in jeder Beziehung sehr interessant
Pouletfleisch und Trutenfleisch
- sind ökologisch optimal. Der Aufwand an pflanzlichen Proteinen für die Produktion von einem Kilogramm Geflügelfleisch ist im Vergleich zu den anderen Tierarten sehr klein.
- sind ausserordentlich bekömmlich, Schenkel und Brust sind extrem zart. (Voraussetzung dafür ist allerdings, dass der richtige Garpunkt nicht überschritten wird.)
- sind wichtig für eine ausgewogene Ernährung. Geflügel-Eiweiss hat eine hohe biologische Wertigkeit, die für den Aufbau des körpereigenen Eiweisses notwendig ist.
- sind im Gegensatz zur landläufigen Meinung hygienisch nahezu problemlos. Auch Geflügelfleisch ist im Zentrum immer steril. Krankheitserregende Keime sind höchstens auf der Aussenseite anzutreffen, welche schnell mit genügend Hitze in Kontakt kommt, sodass die Keime abgetötet werden. Das Problem liegt beim rohen Geflügelsaft und beim Menschen, der nicht immer dem Risiko entsprechend handelt.
- werden in der Schweiz in einem integrierten System – Mäster und Schlachthof, zum Teil auch Futtermühlen sind in gleicher Hand – glaubwürdig und effizient kontrolliert.
- aus der Schweiz sind ethisch gut vertretbar. Die Haltungsformen sind im Vergleich zum Ausland sehr fortschrittlich, was sich allerdings in den höheren Produktionskosten niederschlägt. Die Vorschriften sind umfassend, und der Vollzug funktioniert, dies im Gegensatz zu anderen Ländern.
- werden in der Schweiz in modernen und überschaubaren Betrieben verarbeitet, bei denen das Tierwohl an erster Stelle steht. Im Ausland darf die Besatzdichte (Anzahl Tiere pro Quadratmeter) bis zu 50 % höher sein als in der Schweiz. Ausländische Verarbeitungsbetriebe arbeiten mit einer bis zu dreifach höheren Schlachtleistung pro Stunde.
- sind einen höherer Preis wert. Wer vergleicht, staunt.

Hygiene

Der Irrglaube, wonach Geflügelfleisch auch für den sofortigen Verzehr immer durchgebraten werden muss, ist tief verankert, aber falsch und schlechthin genussfeindlich. Die GHP (Gute Herstellungspraxis) bei Geflügel fordert zwar eine Kerntemperatur von 75°C, lässt in der Lebensmittelverordnung Art. 25 aber genügend Spielraum für andere Werte. Wer nach Art. 25 gart, muss den Prozess dokumentieren und für die notwendige Sicherheit sorgen. Selbstverständlich haben wir unsere «heiklen» Rezepte im Labor kontrollieren lassen.

Die überwiegende Auswahl an natürlich vorkommenden Bakterien ist harmlos – ohne sie gäbe es viele Nahrungsmittel nicht. In den letzten Jahren wurden viele Änderungen bei der Haltungsform – Wintergarten und Auslauf für die Tiere – eingeführt. Der heute mögliche Freilauf bringt es mit sich, dass vermehrt Campylobacter auf der Oberfläche des Fleisches gefunden werden. Dies ist die Folge der tierfreundlicheren Haltung, weil im Stall die Hygiene viel einfacher und besser umgesetzt werden kann als in der freien Natur. Die ab und zu vorkommenden krankmachenden Keime, wie Salmo-

nellen und Campylobacter, sind nur auf der Oberfläche des rohen Geflügels vorzufinden und werden bei normalen Zubereitungstemperaturen, die bekanntlich immer höher als 63° C sind, schnell abgetötet.

Die grösste Gefahr geht vom Verhalten des Menschen und der Kontamination mit anderen Lebensmitteln aus. Seit Jahren essen wir Fondue Chinoise. Erst in letzter Zeit ist uns das Hygienerisiko bewusst geworden, das wir eingehen, wenn wir für das rohe und das gegarte Fleisch nicht zwei verschiedene Teller nutzen. Wird die Trennung rein-unrein strikt beachtet, bleibt das Risiko gering. Dass nach der Zubereitung des rohen Geflügels die Hände gut gereinigt und die Küchenlappen gewechselt werden müssen, sei der Vollständigkeit halber erwähnt.

Wenn Sie ein Produkt auf Vorrat zubereiten, muss es nach Abschluss des Garprozesses sofort und aktiv auf unter 5° C heruntergekühlt werden. Dies erfolgt am besten in einem kalten Wasserbad.

Tierschutz

Nirgends sind die Unterschiede zwischen den verschiedenen Produktionsländern so gross wie beim Tierschutz im Geflügelsektor. Die EU kennt seit 1998 ein Gesetz gegen die Käfighaltung der Legehennen. Den Vollzug haben Mitte 2012 zwölf Länder immer noch nicht geschafft. Tierschutz ist in vielen Ländern nur in Form einer Absichtserklärung festgehalten. In der Schweiz besteht nicht nur ein griffiges Gesetz, der Vollzug wird mit Kontrollen und viel Papierkram sichergestellt. Unlängst hat der Bündner Kantonstierarzt Dr. Rolf Hanimann an einem Vortrag die Situation wie folgt umschrieben: «Das umliegende Ausland ist im Vergleich zur Schweiz da, wo die Schweiz vor 20 Jahren war».

In der Geflügelhaltung sind in den letzten Jahren in der Schweiz grosse Veränderungen erfolgt. Die Tiere haben Einstreu auf dem Stallboden, profitieren von einem natürlichen Tag-Nacht-Rhythmus und haben Ruhebereiche mit Sitzgelegenheit. Vielerorts ist der Auslauf in einen Wintergarten möglich und die Besatzdichte, d. h. die Anzahl Kilogramm Tier pro Quadratmeter Stallboden, ist mit 30 kg bescheiden, beträgt in anderen Produktionsländern der EU aber bis zu 45 kg pro Quadratmeter. Der grösste Teil des Geflügels wird nur kurz transportiert, das Aufladen und der Transport erfolgen nachts, immer dem Tierwohl zuliebe.

Der Gesundheit der Tiere wird höchste Aufmerksamkeit geschenkt. Die in der Schweiz praktizierten Direktzahlungen zur Unterstützung der Landwirtschaft haben hier viel Positives ausgelöst. Vor der Schlachtung erfährt der Stall einen Kontrollbesuch, um sicher zu stellen, dass die Tiere gesund sind und alle Vorschriften eingehalten werden. Der Papierkram für den Landwirt ist erheblich, kostet viel Geld, kommt aber der Sicherheit zugute. Situationen wie in Entwicklungsländern, wo ganze Geflügelsalamiproduktionen vernichtet werden müssen, weil das Fleisch voller Antibiotika ist, gibt es bei uns Gott-sei-Lob-und-Dank nicht.

Die Schlachtleistung eines modernen Betriebes in der Schweiz ist im Vergleich zu Deutschland um ein Vielfaches kleiner, was sich positiv auf das Tierwohl und somit auf die Qualität auswirkt, sich jedoch auch in höheren Produktionskosten niederschlägt.

Dies alles kostet natürlich viel Geld und führt zu ungleich langen Spiessen an der Verkaufsfront, wird aber von den Schweizer Mästern zu Gunsten des Tierwohls in Kauf genommen.

Arzneimitteleinsatz

Hier hat in der Schweiz schon vor Jahren ein nicht nur wichtiger, sondern auch ein wirkungsvoller Wandel stattgefunden. Die Geflügelmast erfolgt integriert. Anders als bei den Schweinen und Rindern sind Aufzucht und Schlachtung beim Geflügel in gleicher Hand und können so wirkungsvoll kontrolliert werden. Selbstverständlich braucht ein krankes Tier Hilfe und möglicherweise ein Arzneimittel, dem Tierwohl zuliebe. Solche Tiere werden aber erst nach einer vorgeschriebenen Absetzfrist, nach der keine Rückstände mehr im Tier sind, geschlachtet. In keiner anderen Fleischproduktionsart ist das derart klar geregelt und kann so gut kontrolliert werden.

Hoher innerer Wert

Ich zitiere hier eine verständliche Zusammenfassung der CMA Deutschland. Sie war als neutrale Stelle viele Jahre lang für die Verbraucheraufklärung in Deutschland zuständig: «Geflügelfleisch besticht durch einen hohen Anteil an den Mineralstoffen Kalium und Eisen, die wichtige Funktionen im gesamten Stoffwechsel erfüllen. Auch die B-Vitamine – Geflügelfleisch enthält beispielsweise Niacin, B1 und B2 – können spielend leicht mit Geflügelmahlzeiten aufgenommen werden. Und dabei ist Geflügelfleisch bei nahezu jedermann beliebt: Kleinkinder mit Milchzähnen lieben die Zartheit von weißem Brustfleisch, Sportler schätzen besonders den Gehalt an hochwertigem Eiweiss und selbst Personen mit erhöhten Harnsäurewerten, die in der Regel von ihrem Hausarzt die Empfehlung bekommen haben, sich fleisch- und purinarm zu ernähren, dürfen massvoll Geflügel verzehren.

Zudem ist Geflügel punkto Fettsäuren-Zusammensetzung ein ideales Lebensmittel, denn Geflügelfleisch enthält einen hohen Anteil an ungesättigten Fettsäuren. Diese Fettsäurengruppe wurde bereits mehrfach in wissenschaftlichen Studien mit einer positiven Auswirkung auf den Fettstoffwechsel in Verbindung gebracht. Auch der bemerkenswerte Anteil an Eiweiss – Trutenbrustfleisch weist bis zu 24 Gramm pro 100 Gramm auf – ist ein idealer Nährstoff zur Deckung des täglichen Bedarfs. Tierisches Eiweiss ist in der menschlichen Ernährung besonders wichtig, denn es liefert einen hohen Anteil an essenziellen Aminosäuren, die der Körper selbst nicht herstellen kann, und hat damit eine hohe biologische Wertigkeit. In Kombination mit pflanzlichem Eiweiss, z. B. beim Verzehr von Geflügelfleisch mit Kartoffeln oder Gemüse, erhöht sich die biologische Wertigkeit, so dass Poulets, Truten & Co. immer der richtige Partner für eine ausgewogene Ernährung sind.»

Geflügelfleisch verlangt nur nach einer kurzen Reifezeit. Nach Abbau der Totenstarre kann das Fleisch zubereitet werden. Eine zusätzliche Reifephase unter Einsatz einer säurehaltigen Marinade, welche den pH-Wert auf der Fleischoberfläche senkt und ein für Bakterien ungeliebtes Milieu sorgt, führt aber auch hier zu einer weiteren Genusssteigerung.

Geflügelangebot

Früher gab es nur ganze Poulets und Suppenhühner zu kaufen, heute ist Geflügel in allen Variationen erhältlich. Der Renner unter den Teilstücken ist das Brustfilet, die übrigen Teile sind weniger gefragt, und das schlägt sich logischerweise auch im Preis nieder. Aber haben Sie schon einmal ein Brustfilet und einen ausgebeinter Schenkel zusammen degustiert? Sie werden staunen, das Brustfilet ist teuer und schnell trocken, das Schenkelsteak ist mindestens so zart, bleibt saftig und ist wesentlich günstiger. Angebot und Nachfrage bestimmen auch hier den Preis.

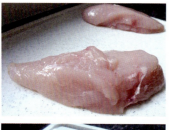

Zudem ist es gar nicht so einfach, die Pouletbrust richtig zu garen. Oft ist das Innenfilet noch lose an der Brust und fällt beim Braten ab. Aber auch wenn dieses weggeschnitten wird, ist die Brust unregelmässig dick – ein Teil ist nach dem Garen trocken, der andere knapp gar. Ich kaufe jeweils mehrere Pouletbrüste, löse das Innenfilet ab, schneide den dünnen Teil weg und nivelliere den dicken Teil so, dass ich ein gleichmässig dickes Steak erhalte, mit dem es leicht fällt, die Gäste zu entzücken. Das weggeschnittene Fleisch ergibt ein erstklassiges Geschnetzeltes.

Die legendären Suppenhühner von früher gibt es nicht mehr. Aktionsweise wurden die alten SEG-Suppenhühner unter die Leute gebracht. Die Hühner werden heute viel jünger geschlachtet. Sie wären ein erstaunlich gutes Fleisch, sind aber nur schwer erhältlich, weil der Anfall unregelmässig ist. Solche Produkte haben es schwer, einen Platz im Verkaufsgestell zu ergattern. Die heute

übliche Verwertung von über der Hälfte der Tiere zu Biogas erachte ich als ethisch höchst bedenklich und angesichts des Hungers in der Dritten Welt, als unserer Gesellschaft unwürdig.

Geflügelzubereitung

Geflügelfleisch ist zart, ohne Haut auch mager und lässt sich selbst auf herkömmliche Art zu einem akzeptablen Genussereignis zubereiten. Mit *Gabelzart* erreichen Sie aber eine noch höhere Genussstufe. Im Buch *Gabelzart* beschreibe ich das Vorgehen detailliert. Das vorliegende Buch ist hauptsächlich Geflügel gewidmet. Querverweise zu anderen Fleischarten werden aber gemacht. Zusätzlich habe ich zur Illustration einige «normale» Fleischrezepte in die Sammlung aufgenommen.

Geflügel ruft der Feinheit wegen nach einer besonders schonenden Garmethode. Etwas zu viel Hitze kann schon verheerende Folgen für den Genuss haben. Denken Sie daran: Immer wenn es im Zusammenhang mit Fleisch in Ihrer Bratpfanne dämpft, gehen Genuss und Rendite himmelwärts.

Wenn eine Pouletbrust herkömmlich bis zu einer Kerntemperatur von gegen 75° C gebraten wird, so ist mit einem Gewichtsverlust von bis zu 25 % zu rechnen. Auch bei Geflügelfleisch gilt der allgemeine Grundsatz wie beim übrigen Fleisch, «je sanfter die Garmethode, desto kleiner der Gewichtsverlust». Nicht nur das: Bei meinen Rezepten, wo das Fleisch nicht angebraten wird, sondern roh direkt in die Sauce kommt, ist sogar mit einer Gewichtszunahme von 6 bis 10 % zu rechnen. Sie haben richtig gelesen: Es ist möglich, Fleisch zu garen und es schwerer aus dem Topf zu nehmen, als Sie es hineingetan haben!

Mit einer weiteren Zubereitungsart für derart zartes Geflügelfleisch habe ich ausserordentlich gute Erfahrungen gemacht: Ich fertige eine Marinade, die zu gleichen Teilen aus Sojasauce und Maisstärke besteht, und mische diese mit frischem Geschnetzeltem oder Pouletfleischwürfel vom Schenkel oder vom Brustfilet. Die feine Teigschicht schützt das Fleisch beim Anbraten, der Gewichtsverlust bleibt so mit etwa 1 % (kein Irrtum) äusserst moderat. Das Fleisch bleibt saftiger, der Biss spürbar kräftiger und die Degustation ein Gedicht.

Geflügelfleisch ist sehr mager und deshalb geschmacksneutral. Wichtig für den Geschmack und das Aroma ist die Haut, wenn sie nicht vielerorts vor dem Braten entfernt würde. Ich entferne die Haut bei gewissen Rezepten ebenfalls, schneide sie aber in kleine Stücke, brate sie aus und gebe am Schluss die so entstandenen Grieben wieder zum Gericht. Diese Grieben haben noch knapp 20 % ihres ursprünglichen Gewichtes, das ausgelaufene Öl verwende ich zum Garen von Gemüse oder Fleisch. Wer Haut und Fett wegschneidet, muss die doppelte Kalorienzahl via Sauce aufwenden, damit das Gericht schmeckt.

Gefüllter Truthahn oder Gans – nein danke

Ich habe viel Verständnis für überlieferte Traditionen und alte Bräuche, aber keineswegs für das Garen von ganzen Truthähnen, Gänsen oder Enten, und schon gar nicht, wenn sie gefüllt werden. Für mich sind sie ein kulinarisches Unding, ein hygienisches Risiko und ein Stressfaktor beim Service. Die schmackhafte Füllung benötigt eine Kerntemperatur von 65° C, viel zu hoch für das umliegende Fleisch, das dadurch logischerweise zu viel Stress erlebt. Aus diesem Grund gare ich die Füllung separat und habe es viel einfacher und sicherer.

Poulet & Co – Gabelzart

Geflügel ist nicht gleich Geflügel

Wer beim Einkauf aus der Tiefkühltruhe nicht aufpasst, trägt oft ungewollt ein verändertes Geflügelprodukt nach Hause, das er gar nicht wollte. Geflügelfleisch ist reich an wertvollen Proteinen, die Wasser binden. Besonders beim tiefgekühlten Pouletgeschnetzelten kommt das Fleisch vorher oft zusammen mit 10 bis 15 % Wasser und 1 % Salz in einen Tumbler – einer Betonmischmaschine ähnlich – und wird unter Vakuum gesetzt. Die Myofibrillen werden so überdehnt und schaffen Platz für das körperfremde Wasser, das wiederum höhere Gartemperaturen ermöglicht und das Fleisch bei der Degustation gummiartig weich macht. Dabei wird übersehen, dass das Zentrum des Fleisches natürlich nicht mehr steril ist und zu unliebsamen Folgen bei der Hygiene führen kann. Die Deklaration erfolgt – wenn überhaupt – oft nur verschlüsselt (küchenfertig zubereitet). Eigentlich erstaunlich, dass der Gesetzgeber, der sonst alles lückenlos festlegt, hier einfach darüber hinweg sieht, da es sich so eindeutig um ein verändertes und bearbeitetes Produkt handelt.

Geflügelfleisch ist im Kommen

Der ökologische Vorteil von Geflügel – keine andere Tiergattung macht aus so wenigen pflanzlichen wertvollere tierische Proteine – und die problemlose Zubereitung bringen es mit sich, dass der Verzehr auch in der Schweiz laufend zunimmt und mit über 18 % Anteil am Fleischkonsum Rindfleisch überholt hat. In den meisten anderen Ländern ist der Geflügelverzehr wesentlich höher.

Bitte keine Hysterie

Geflügelfleisch ist im Zentrum steril und unproblematisch. Das Problem ist der rohe Geflügelsaft und die Gedankenlosigkeit der Menschen. Zugegeben, 365 Mal pro Jahr zweimal kochen pro Tag – und meistens ohne Komplimente – kann schon einmal zu einem Motivationsengpass führen. Dass so die einfachsten Hygiene-Grundsätze auf der Strecke bleiben, wundert nicht. Es soll schon einmal vorkommen, dass auslaufender roher Pouletsaft

an den zum Waschen vorbereiteten Salat gelangt – und dann kann es bereits kritisch werden.

Wer aber rohes Geflügelfleisch von anderen Nahrungsmitteln fernhält und die Reinigungslappen wechselt, ist auf der guten Seite.

In Nepal wird der Hygiene bei Poulets vielerorts noch anders Rechnung getragen. Beim Verkauf der ganzen Poulets werden die Tierkörper intensiv mit einem Bunsenbrenner abgeflammt. Die restlichen Federn werden dabei ebenso vernichtet wie eine Vielzahl von Bakterien. Eine interessante und kreative Lösung für ein Entwicklungsland, meine ich.

Andere Länder sind im Umgang mit Geflügel weniger gehemmt. Während bei uns alles steril sein muss, wird zum Beispiel in Frankreich Geflügel immer noch mit dem Kopf angeboten.

Geflügelfleisch im Ausland

Der Anteil des in der Schweiz produzierten Geflügelfleisches betrug 2011 50,2 %. Der überwiegende Teil der Importe für die Schweiz stammt aus Brasilien (tiefgekühltes Geflügel) und der EU (Frischgeflügel). Die Umstände betreffend der Tierhaltung und der Schlachtung sind dort sehr unterschiedlich. In Deutschland zum Beispiel gibt es neben zwei riesigen Schlachtbetrieben eine ganze Anzahl kleinerer Betriebe. Ein Augenschein lohnt sich.

Das Umfeld

Um *Gabelzart* und Fleisch besser zu verstehen, sollten Sie die nachstehenden neun Punkte zuerst lesen. Sie gelten nicht nur für Geflügel, sie finden Anwendung bei allen Fleischsorten. Wer sie anwendet, erhält zum Dank ein superfeines Fleischgericht.

1. Fleisch-Basis
2. Fleisch-Qualität
3. Fleischreifung
4. Hilfsmittel
5. Marinade
6. Zubereitung
7. Kochzeiten
8. Hygiene
9. Gesetze

1 Fleisch-Basis

Fleisch ist ein sehr kostbares Nahrungsmittel. Es besteht im Wesentlichen aus Eiweiss, Fett und Wasser. Man könnte aber auch sagen: Es besteht aus Baustoffen, Betriebsstoffen und Transportmitteln.

Eiweisse sind die Baustoffe

Die Muskelmasse, welche unseren Körper zusammenhält, erneuert sich alle sieben Jahre vollständig. Das Eiweiss ist der Baustoff der menschlichen Körperzellen. Tierische Eiweisse sind besonders wertvoll, weil ihr Aminosäuremuster ähnlich dem eines Menschen ist. Und je ähnlicher das Aminosäuremuster eines Nahrungsmittels dem eines Menschen ist, desto besser ist die Verwertbarkeit der Eiweisse für den Menschen. Fleisch ist auch ein sehr wertvoller Vitaminlieferant. Diese müssen mit der Nahrung aufgenommen werden. Und Fleisch ist da ein besonders guter Lieferant für sämtliche B-Vitamine.

Fett ist Geschmacksträger

Fett ist zusammen mit den Kohlenhydraten der Betriebsstoff für unseren Körper. Fett ist aber auch Geschmacksträger und wichtig für das Aroma eines Fleischstückes. Fett schützt das Fleisch und hilft mit, dass das Fleisch nicht austrocknet. Leider ist der Zuschnitt der Fleischstücke in Westeuropa in den letzten Jahren derart extrem stark geworden, dass es schwer fällt, aus einem Braten eine wirkliche Delikatesse zu machen.

Dazu kommt, dass alles, was vor dem Verkauf weggeschnitten wird, den Rest verteuert. Wer einen Bratvergleich mit einem knapp und einem stark zugeschnittenen Fleischstück macht, merkt schnell, dass der Kochverlust beim stark zugeschnittenen wesentlich höher ist. Dies führt automatisch zu einer zusätzlichen Genussminderung (und zu einer Kostenerhöhung).

Das Umfeld

Wasser ist Transportmittel

Nicht wenige Konsumenten haben irgendwann schon über das Wasser im Fleisch geschimpft. Sei es, weil beim Auspacken in der Küche viel Saft aus der Packung gelaufen ist oder dass der Sonntagsbraten beim Garen stark geschrumpft ist. Was aber macht ein gutes Steak aus? Das Wasser im Fleisch. Je mehr Wasser im Fleisch bleibt, desto sanfter ist der Biss und desto höher der Genuss. Ein hoher Gewichtsverlust führt immer zu einem zweifachen Schaden: Genussminderung und finanzieller Verlust. Es gilt, alles daran zu setzen, dass das Wasser im Fleisch bleibt.

Zusammensetzung des Fleisches

Ich frage seit vielen Jahren meine Kursteilnehmer nach der Zusammensetzung eines 100 Gramm schweren Schweinsschnitzels vom Eckstück. Wissen Sie die Antwort? Wie viel Fett, Wasser und Eiweiss ist enthalten? Sie sind in bester Gesellschaft, auch Fachleute wissen dessen Zusammensetzung nicht und glauben, mit 30 % Fett, 60 % Wasser und 10 % Eiweiss richtig zu liegen. Was für ein Irrtum. Die ETH Zürich hat die Nährwerte exakt erhoben: 2 % Fett (verständlich, in einem Schweinsschnitzel vom Eckstück hat es ja kein sichtbares Fett), 22 % Eiweiss und 75 % Wasser sind in einem Schweinsschnitzel von 100 Gramm enthalten.

Der Muskelaufbau

Der kleinste Teil eines Fleischmuskels ist die Myofibrille. Sie ist 1/1000 Millimeter klein. 200 bis 300 Myofibrillen ergeben eine Muskelfaser, aus etwa 100 Fasern wird ein Faserbündel gebildet und wiederum etwa 100 Faserbündel ergeben einen Muskelstrang.

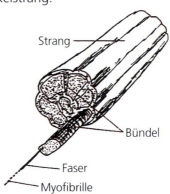

Die 75 % Wasser in einer Pouletbrust sind hauptsächlich in der Myofibrille eingelagert. Kein Wunder, reagiert Fleisch auf grosse Temperaturunterschiede sehr heftig mit einem stark erhöhten Gewichtsverlust.

Schweizer Fleisch

Wir haben in der Schweiz mehrheitlich hervorragendes Fleisch, jedenfalls ist es viel besser als sein Ruf. Unser Umfeld ist überblickbar und unsere Massnahmen für das Tierwohl sind qualitätsfreundlich. Die Tiere werden in vergleichsweise kleinen Einheiten gehalten, das Wohl der Tiere steht im Vordergrund. Der Grundsatz «Wenn es dem Tier nicht gut geht, kann kein gescheites Produkt entstehen» hilft dabei wesentlich. Alle in der Bearbeitungskette sind interessiert, dass Qualität produziert wird. Jedes Tier wird nach der Schlachtung bezüglich Qualität taxiert, der Erlös für den Landwirt richtet sich danach. Unser System der Direktzahlungen für die Landwirte setzt Kontrollen vor Ort voraus und diese sorgen dafür, dass Gesetze – nicht wie im umliegenden Ausland – mehrheitlich warme Luft sind, sondern eingehalten werden. Die Landwirtschaft produziert überwiegend sehr gutes Fleisch – grosser Handlungsbedarf zur Qualitätserhaltung besteht hauptsächlich bei der Behandlung in der Küche.

2 Fleisch-Qualität

Es gibt kein schlechtes Fleisch

Es gibt kein schlechtes Fleisch – nur schlecht eingesetztes oder falsch behandeltes! Die deutsche Zeitschrift *Stern* behauptet sogar: «Wirth macht aus dem dümmsten Fleisch eine Delikatesse». Finden wir nicht eine interessante Parallele zwischen einem Menschen und einem Stück Fleisch! Es gibt schliesslich auch keine schlechten MitarbeiterInnen, nur falsch eingesetzte oder falsch geführte!

Auch Sie werden Fleischexperte

Je genauer Sie wissen, was für ein Fleisch Sie gekauft haben, desto einfacher können Sie es richtig zubereiten. Ein Lammgigot und ein Schafsgigot sind zwei ganz verschiedene Dinge, beide munden hervorragend, wenn sie entsprechend zubereitet sind.

Schulen Sie Ihr Auge, damit Sie die Feinheiten bei der Qualität selber beurteilen können. Die Farbe, der Ausmastgrad (Fettauflage und Marmorierung), die Funktion des Muskels und das Alter der Tiere sind die wichtigsten Faktoren.

Die Fleischfarbe

Je frischer das Fleisch, desto frischer die Farbe. Vakuum verpacktes Fleisch hat immer eine dunklere Farbe als offenes Fleisch, weil dem fleischeigenen Farbstoff Myoglobin der Sauerstoff fehlt. Packt man solches Fleisch aus und legt es an die Luft, erholt sich die Farbe schnell.

Fleisch-Qualität

Mageres Fleisch kostet hier weniger als fettes Fleisch.

Das Fett

Das Vorhandensein von Fett ist ein wichtiges Zeichen, dass der Ausmastgrad stimmt. Dabei ist nicht nur das Fett an der Aussenseite sondern die Fettpunkte im Schnittbild – die sogenannte Marmorierung – des Fleisches wichtig. Je mehr solches Fett im Schnittbild eines Steaks ist, desto besser ist die Qualität. Im umliegenden Ausland wird diesem intermuskulären Fett wenig Beachtung geschenkt, die Fleischmasse ist wichtig. Der Unterschied bei der Degustation solchen Fleisches ist mehr als markant.

Angebot und Nachfrage

Beim Poulet unterscheidet man nur zwischen dem hellen Fleisch der Brust und dem dunkleren der Schenkel. Pouletbrust ist viel teurer als Schenkel, obwohl ein ausgebeinter Pouletschenkel das beste Fleisch überhaupt ist.

Erstaunlicherweise ist mageres Fleisch in der Schweiz beliebter als fettes, sprich saftiges Fleisch, welches viel zarter und aromatischer ist. Wer den Vergleich zwischen einem Entrecôte und einem Hohrücken erleben darf, weiss, was ich meine. Das Entrecôte ist magerer und teurer und Hohrücken ist zart und günstiger.

Das Umfeld

Der Zuschnitt

Der Zuschnitt bei den Pouletteilen kann recht unterschiedlich sein. Der Preis kann noch so günstig sein, wenn zum Beispiel ein Teil des Rumpfes am Schenkel ist, macht das Essen wenig Freude. Ideal ist es, wenn das Tier anatomisch natürlich – also ohne Schere oder Säge – zerlegt worden ist.

Fleisch sollte durch eine dünne Fettschicht und durch feines Bindegewebe geschützt sein. Je heller das Fett, desto jünger das Tier. Beides ist im Normalfall nach dem Garprozess nicht mehr sichtbar, schützt aber das Fleisch und trägt sehr viel für ein gutes Aroma bei. Rundum zugeschnittenes Fleisch kann weder beim Garen noch bei der Degustation Freude bereiten.

Vorderviertel – Hinterviertel

Hier besteht wegen der Gangart ein wesentlicher Unterschied zwischen Fleisch von Säugetieren und Geflügel. Das ganze Poulet ist gleich zart.

Beim übrigen Fleisch ist der Vorderteil des Tieres kräftiger im Aroma, weil dieser mehr leisten muss und somit mehr Bindegewebe hat. Solches Fleisch wird in der Regel in einer Flüssigkeit weich gegart. Wenn der Garprozess bei knapp über 70° C erfolgt – das kann 24 Stunden dauern – geliert das Bindegewebe und trägt ganz wesentlich zum Genuss bei. Wird solches Fleisch bei 90° C schnell weich gekocht, so bleiben das Bindegewebe und die Sehnen hart und müssen weggeschnitten werden.

Fleisch vom Hinterviertel ist feinfaserig und beliebter. Eine ganze Reihe von Muskeln können als Kurzbratsteaks zubereitet werden.

Das Filet ist der zarteste Muskel, weil das Tier beim Schlachten an der Achillessehne aufgehängt wird und sich so das Filet um 25 % dehnt und zart wird. Richtig beurteilt und zubereitet, können alle Muskeln eines Tieres auf dem Teller Freude bereiten.

Das Alter

Ein Schweizer Poulet lebt etwa 35 Tage. Deshalb spielt das Alter keine Rolle. Auch beim übrigen Fleisch hat das Alter des Tieres beim Fleischeinkauf nicht mehr die gleiche Bedeutung wie früher. Der Mastgrad ist viel wichtiger. Je älter ein Tier, desto härter das Bindegewebe und desto dunkler die Fleischfarbe. In der Fleischvitrine eines Metzgereifachgeschäftes findet sich heute nur Fleisch von jungen Tieren.

In Frankreich wird neben dem herkömmlichen Geflügel auch eine Spezialrasse angeboten. Ein Poulet «Fermier de Loué» ist beim Schlachten mindestens 91 Tage alt. Die Tiere bekommen kalorienreduziertes Futter, weil sie sonst an Verfettung eingehen würden. Ein solches Poulet hat mehr Geschmack, muss aber länger gegart werden.

Beim übrigen Fleisch: Kaufen Sie Ihren Lieblingsmuskel

Lassen Sie sich beim Einkauf ihres Bratens den Namen des Muskels sagen. Kaufen Sie wenn immer möglich einen Muskel und nicht Braten, Ragout oder Siedfleisch. Nicht jeder Muskel ist gleich, Sie werden ob der Unterschiede staunen. Wenn Sie bei einer Ragout-Aktion im Supermarkt mitmachen, kann es sein, dass Sie Fleisch von ganz verschiedenen Muskeln erhalten, welche eigentlich alle ein unterschiedliches Garverhalten haben!

Kontrolle bis zum Geht-nicht-mehr

Die Kontrolle bei Schweizer Geflügel ist dank des integrierten Systems besonders strikt und effizient. Die Verantwortung ist klar geregelt.

Auch die Kontrollkette beim übrigen Fleisch ist lückenlos. Das Tier muss, bevor es zum Schlachthaus gebracht wird, gesund sein und vom Veterinär begutachtet werden. An der Schlachtkette wird es nochmals kontrolliert und beim Verarbeitungsbetrieb ein weiteres Mal. Der Aufwand für die Kontrolle in abgelegenen Gebieten ist enorm. So kostet die Fleischschau z. B. im Dorf Braggio – im Calancatal gelegen und nur mit der Seilbahn erreichbar – 150 Franken für ein einziges Tier.

Das Wichtigste an der Fleischqualität ist aber, dass niemand Interesse hat, Fleisch von einem kranken Tier im Haus zu haben, weil daraus keine idealen Produkte fabriziert werden können. Fleisch ist neben Wasser das am besten kontrollierte Nahrungsmittel überhaupt.

Das Umfeld

Die Verkaufspackung

Nicht nur beim Geflügel ist die Art der Verkaufspackung ein wichtiger Faktor für die Haltbarkeit.

Allgemein gilt es zu unterscheiden zwischen Fleisch und frischen Fleischerzeugnissen. Bei letzteren ist die Verwertungsfrist nach Ablauf des Datums nur sehr kurz. Solche Produkte sollten gegart und nachher wenn nötig im Tiefkühler bis zum Verbrauch zwischengelagert werden.

Die Verpackungen kann man in drei Arten einteilen:

- Bei der **Vakuumpackung** liegt eine stabile Folie eng am Produkt, es ist keine Luft sichtbar. Bei einer Kühllagerung von unter 5°C können so verpackte Produkte problemlos mehrere Tage über die Verkaufsfrist aufbewahrt werden. Diese Verpackung eignet sich bestens zum Tiefkühlen.

- Fleisch, welches in einer **kontrollierten Atmosphäre** verpackt ist (die Luft wird gegen ein Gasgemisch ausgetauscht), sollte vor Ablauf der Verfallfrist gegart werden. Die Haltbarkeit ist hier nicht nur wegen der Bakteriologie weniger lang, das Fett beginnt schneller ranzig zu werden.

- Fleisch, welches auf einem **Foodtainer (Kartonteller)** liegt und mit einer normalen Folie umhüllt ist, sollte ebenfalls schnell verwertet werden, da die Folie nur ein Berührungsschutz und dementsprechend auch zum Tiefkühlen ungeeignet ist.

Fleisch-Qualität

Vakuumverpacktes Fleisch

Wenn Sie vakuumverpacktes Fleisch auspacken, sollten Sie – Geschnetzeltes ausgeschlossen – das Fleisch immer mit kaltem Wasser abspülen und mit sauberem Küchenpapier gut trocknen.

Dr. Ulrich Zuber, Leiter des mikrobiologischen DSM-Qualitätskontroll-Labors (ehemals Roche-Vitamine) in Sisseln hat mir in verdankenswerter Weise ermöglicht, genaue Abklärungen zu machen. Das Bild auf der gegenüberliegenden Seite zeigt links die Bakterienbelastung beim ausgepackten Fleischstück, in der Mitte diejenige des mit kaltem Wasser abgespülten. Rechts auf dem Bild der Nachweis, dass gesundes Fleisch im Zentrum steril ist. Über 80 % der vorhandenen Bakterien auf der Oberfläche werden durch das einfache Abspülen entfernt. Die anschliessende Vermehrung der Bakterien im marinierten Zustand des Fleisches war bescheiden und nach zwei Wochen nicht wesentlich höher als im Urzustand.

3 Fleischreifung

Der Irrglaube
Wer behauptet, zartes Fleisch zu verkaufen, der lügt oder weiss es nicht besser. Wer zartes Fleisch will, muss es selber zart machen.

Die Enzyme müssen wirken können
Die Enzyme sind für die Reifung, bzw. die Zartheit des Fleisches verantwortlich.

Enzyme spalten die Muskelfaserstrukturen und machen so das Fleisch zart. Enzyme sind natürliche Eiweisse und im Fleisch enthalten. Sie funktionieren ähnlich wie Bakterien: Bei tiefen Temperaturen sind sie quasi stillgelegt und bei hohen Temperaturen – wie zum Beispiel beim herkömmlichen Niedergaren – werden sie schnell inaktiviert.

Der Gesetzgeber verlangt in der EU und in der Schweiz von allen, die mit Fleisch zu tun haben, dass dieses bei sehr tiefen Temperaturen aufbewahrt werden muss. In der Schweiz sollten Frischprodukte bei unter 5° C gelagert werden. Bei diesen Temperaturen können die Enzyme nur eine kleine Wirkung entfalten. Nicht umsonst sagte Professor Dr. Karl-Otto Honikel: «Was der Metzger während vier Wochen im Kühlraum macht, hat wenig mit Reifung, sondern viel mit Stapelung zu tun».

Die Auflage des Gesetzgebers hat zum Ziel, dem Kunden möglichst viel Sicherheit zusammen mit dem Fleisch nach Hause zu geben. Professor Honikel weiter: «Dass der Konsument den wichtigsten Teil der Reifung selber machen muss, davon wird nicht gesprochen».

Welche Fleischstücke reifen

Schweizer Geflügel benötigt keine extralange Reifezeit vor dem Garen, da das Fleisch sehr feinfaserig und das Alter der Tiere bei der Schlachtung sehr niedrig ist.

Beim übrigen Fleisch ist eine optimale Reifung bei einem mageren Braten, einem mit Fett durchzogenen Braten und bei einem Steak wichtig. Beim Geschnetzelten geht die Reifung der kleinen Stückgrösse wegen sehr schnell vonstatten.

Bei einem Saucenfleisch – Siedfleisch, Schmorbraten, Ragout – spielt die Reifung keine so grosse Rolle, das frische Aroma ist wichtig. Solches Fleisch ist in der Regel eine knappe Woche alt.

Schweinefleisch wird in der Regel viel zu frisch angeboten. Dies wundert nicht, weil die Fleischfarbe kurz nach der Schlachtung die schönste Farbe hat und sich Fleisch so besser verkaufen lässt.

Rindfleisch wird, bevor es in den Verkauf gelangt, bis zu mehreren Wochen gelagert. Dies hat allerdings eine mässige Wirkung.

Wärme schenken – die verschiedenen Reifearten

Enzyme brauchen Wärme, um das Fleisch zart zu machen. Dies ist problemlos möglich, vorausgesetzt, Fleisch wird mit einer säurehaltigen Marinade bestrichen. Der wichtigste Teil der Marinade ist die Essigsäure des Senfs, die dafür sorgt, dass der pH-Wert auf der Fleischoberfläche tief ist. Dies ist ein Klima, welches die Bakterien überhaupt nicht schätzen, weil so ihre Vermehrung nur sehr langsam vonstatten geht.

Die Reifeart richtet sich nach der zur Verfügung stehenden Zeit. Ich verweise bei meinen Rezepten bezüglich Reifung auf dieses Kapitel und gehe davon aus, dass Sie die Ihnen zur Verfügung stehende Zeit optimal nutzen.

- Wenn Sie viel Zeit zur Verfügung haben, können Sie einen marinierten Schweinsbraten an einem kühlen Ort bei etwa 15° C gut vier Tage aufbewahren.
- Wenn Sie wenig Zeit haben, so lassen Sie ihn wenigstens 24 Stunden zugedeckt, aber ungekühlt, in der Küche stehen.

Das Umfeld

- Wenn Sie ganz wenig Zeit haben, so machen Sie eine Turboreifung bei 40° C.

Ich weiss, dass Ihnen «Fleisch ungekühlt stehen lassen» nicht einfach fällt. Keine Angst, mit diesen Reifezeiten sind Sie absolut auf der sicheren Seite. Wenn Sie diesbezüglich Ihre ersten Erfahrungen gesammelt haben, werden Sie merken, dass Fleisch noch mehr Lagerung erträgt. Ich erhalte laufend Rückmeldungen über staunende Anwender und mutige Handlungen!

Es muss nicht immer der Backofen sein

Ihrer Fantasie der Reifeorte sind keine Grenzen gesetzt.

Die Zeitschrift *Stern* hat vor einiger Zeit über meine Methode «Garen von Fleisch mit der Sonne» einen Film mit dem Titel «Das saftigste Steak der Welt» gedreht. Legen Sie das marinierte Fleisch in einem verschlossenen Behältnis ruhig für einige Stunden zugedeckt an die Sonne. Auf einer Steinplatte können Sie ausser an einem extrem heissen Sommertage mit 40° C rechnen – die ideale Temperatur, um Fleisch zart zu machen.

Im Winter können Sie die Steaks auf den Heizkörper der Zentralheizung legen, auch da beträgt die Temperatur – die Sie natürlich kontrollieren – etwa 40° C. In Südamerika wurde früher das Fleisch morgens unter den Sattel gelegt, die Wärme des Tieres und die Massage beim Reiten haben abends ein mundendes Fleischstück ermöglicht. Ob Sie Ihre Steaks im Plastikbeutel verschlossen unter die Motorhaube legen – Steaks brauchen, um zart zu werden, Wärme – oder sie mangels Alternativen in handwarmes Wasser geben, spielt keine Rolle. Wichtig ist die Wärme. Schenken Sie diese den Steaks und staunen Sie ob dem Genusserlebnis.

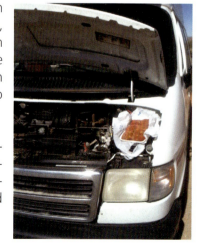

Ich erinnere Sie an die wichtige Regel: Bestreichen Sie das Fleisch mit einer säurehaltigen Marinade, bevor Sie es ausserhalb des Kühlschranks aufbewahren und decken Sie es mit einer Klarsichtfolie ab.

Das Verhältnis Reifezeit und Temperatur

Professor Dr. Karl-Otto Honikel hat zum Thema Reifezeit und Temperatur an einer Tagung in der Schweiz folgende Aussagen gemacht:

«Die Fleischreifung ist ein fleischeigener interner enzymatischer Prozess; der Fleischverderb ein von aussen ausgelöster mikrobieller Prozess. Solange der Inhalt einer Fleischpackung beim Öffnen angenehm nach Milchsäure (wie z. B. Buttermilch) riecht, ist das Fleisch nicht verdorben.

Durch Kühlung des Fleisches (auf eine Temperatur von unter 7° C) erfolgt die Reifung langsam. Je tiefer die Kühlraumtemperatur, desto länger die Reifezeit. Ein Laborexperiment brachte für Rindfleisch folgende Resultate:

Nach etwa 24 Stunden post mortem beginnend dauert die Reifung theoretisch bis zu einer akzeptablen Zartheit bei

- + 2° C 30 Tage (in der Schweiz wird Rindfleisch normalerweise bei 2° C gelagert)
- + 7° C 18 Tage (vom Gesetzgeber vorgeschriebene Maximaltemperatur)
- + 12° C 8 Tage (vom Gesetzgeber nicht erlaubt)
- + 30° C 3 Tage (vom Gesetzgeber nicht erlaubt)
- + 40° C 15 Stunden (während der Zubereitung)
- + 50° C 5 Stunden (während der Zubereitung)

Die langsame Temperaturerhöhung vom Kühlschrank (5 bis 7° C) auf mehr als 55° C beschleunigt die Reifung. Dies ist aber nur möglich, weil mit einer säurehaltigen Marinade ein tiefer pH-Wert auf der Fleischoberfläche erzielt wird, der das Wachstum der Bakterien stark hemmt. Je wärmer die Temperatur, desto intensiver die Reifung.

Einige Geschmackskomponenten – nukleotide Abbauprodukte wie IMP und GMP (Inosinat und Guanylat), freie Aminosäuren wie Glutaminsäure, Fettspaltung (Ketone und Aldehyde) – werden erst während der Reifung gebildet und bei der langsamen Zubereitung noch verstärkt. Je länger gereift oder je langsamer erhitzt, desto mehr Geschmackskomponenten werden gebildet.

Die Maillardreaktionen (Bräunung) finden erst bei über etwa 110 bis 150° C statt. Es werden beim *Gabelzart*-Verfahren nur Vorstufen gebildet wie z. B. die Ketone. Der eigentliche Fleischgeschmack (umami) entwickelt sich aber beim langsamen Erhitzen (die eben genannten Geschmacksverstärker).

Auch gereiftes Fleisch kann bei der Zubereitung zäh werden, wenn eine zu schnelle Temperaturerhöhung und/oder eine zu hohe Endtemperatur gewählt werden. Das beste Fleisch kann in der Küche durch falsche Zubereitung ruiniert werden.»

Fleisch erträgt viel

Nutzen Sie die Ihnen zur Verfügung stehende Zeit. Fleisch ist nicht heute gut und morgen schlecht. Die Bakterien sind bei einem Stück Fleisch immer auf der Oberfläche und werden beim Garprozess abgetötet.

Vermeiden Sie wenn immer möglich die Kontamination von frischem Fleisch mit anderen Lebensmitteln. Die Händereinigung sollte nicht vergessen werden, und die Trennung rein – unrein muss strikt eingehalten werden.

4 Hilfsmittel

Kerntemperaturmesser

Egal, ob Sie einen neuen oder alten Backofen haben, wichtigstes Hilfsmittel um Fleisch *Gabelzart* zu Garen ist ein Kerntemperaturmesser. Ein einfacher genügt, ein digitaler Messer ist etwas praktischer. Ich staune immer wieder, welche unsinnigen Temperaturempfehlungen auf den Instrumenten gemacht werden. Schauen Sie diese Werte nicht an.

Sie können Ihren Temperaturmesser mit wenig Aufwand selber eichen: Geben Sie einige Eiswürfel in ein Glas und giessen kaltes Wasser hinzu. Nach einer kurzen Wartezeit haben Sie die Referenztemperatur für 0° C. Geben Sie nun die Spitze des Temperaturmessers in kochendes Wasser. Der Zeiger sollte nun je nach Meereshöhe auf 98 bis 100° C stehen.

Wenn Sie einen neuen Kerntemperaturmesser kaufen, schauen Sie darauf, dass die Temperaturskala bereits bei 0° C beginnt und nicht erst bei 50° C.

Das Umfeld

Backöfen können sehr ungenau sein

Auch neue Backöfen sind erstaunlich ungenau – grosse Abweichungen müssen hingenommen werden. Deshalb ist es wichtig, dass Sie Ihren Backofen kennen und wissen, wie gross die Abweichungen sind.

Die Kontrolle der Backofentemperatur ist sehr einfach.
- Geben Sie etwas Papier um die Spitze des Kerntemperaturmessers und legen Sie diesen in den Backofen.
- Wenn Sie diese Grundtemperatur verglichen haben, so öffnen Sie die Backofentüre. Jetzt entweicht die Wärme und die Temperatur sinkt.
- Irgendwann fängt Ihr Backofen wieder an zu heizen. Erfassen Sie die Temperatur, ab wann dies geschieht. Jetzt schliessen Sie die Backofentüre wieder und warten, bis der Backofen fertig aufgeheizt ist und erfassen die Temperatur erneut. Bei neuen Backöfen ist die Differenz zwischen Einschalten und Ausschalten nur klein, bei älteren Geräten kann das ohne weiteres 25° C betragen.

Maximaltemperatur

Beachten Sie, dass die Gartemperatur bei einem mageren Braten nie über 88° C steigen sollte, weil sonst ein Druck entsteht, der unweigerlich mit einem erhöhten Saftaustritt verbunden ist.

Bei grossen Schwankungen zwischen Ein- und Ausschalten passen Sie die Temperatur bei einem mageren Braten so an, dass 88° C Backofentemperatur nie überschritten werden.

Umluft oder Unter-/Oberhitze

Ich gehe bei meinen Temperaturangaben von Umluft aus, da die Kerntemperatur bei vielen Gerichten entscheidend ist, ändert sich an der Gardauer aber nichts. Sonst ist ein Vermerk gemacht. Bei Unter- und Oberhitze ist die Temperatur um maximal 20 % zu erhöhen.

5   Marinaden

Sofort marinieren

Würzen Sie Steaks und magere oder mit Fett durchwachsene Braten so früh als möglich mit einer säurehaltigen Marinade. Dies ist die Voraussetzung, um den Enzymen die notwendige Wärme für ihre Arbeit – das Zartmachen des Fleisches – zu geben. Fleisch ohne säurehaltige Marinade ausserhalb des Kühlschrankes aufzubewahren, führt sehr schnell zu unliebsamen Hygiene- und Geschmacksproblemen.

Der wichtigste Bestandteil der Marinade ist die Essigsäure des Senfes. Sie senkt den pH-Wert auf der Fleischoberfläche und verhindert so das schnelle Wachstum der Bakterien. Senf ist für mich die einfachste und die sicherste Säureart, weil man sie sieht und sie sich einfach verarbeiten lässt. Wo die Säure auf dem Fleisch fehlt, vermehren sich die Bakterien schnell.

Ich verwende für meine Marinade Streuwürze, weil es einfach ist. Ich habe in meinem Buch *Gabelzart* ausführlich darüber geschrieben, wieso ich dies als gut gangbaren Weg anschaue. In Streuwürze ist nichts enthalten, was in einem normalen Lebensmittel wie zum Beispiel einer Tomate (ausser Salz) nicht auch enthalten ist. Ich weiss, dass in Streuwürze das teuerste Salz ist, das ich kaufen kann. Aber es hat den Vorteil, dass dieses eingekapselt ist und seine Wirkung erst ab einer bestimmten Temperatur entwickelt. Wenn ich 20 kg Schweinsbraten nach vier Tagen aus dem Weinkeller hole und nur zwei Suppenlöffel Saft vorfinde, ist das für mich ein sehr gutes Resultat.

Mit 400 g Marinade – darin sind 135 g Senf enthalten – würze ich etwa 15 kg Fleisch. Dies verändert den Charakter des Fleisches nicht. Mageres Fleisch hat sehr wenig Aroma. Für ein feines Essen ist sowieso die Sauce ausschlaggebend.

Das Umfeld

Für meine Marinade verwende ich Gewürze in Pulverform, weil sie hygienisch einwandfrei sind und vor dem Anbraten nicht entfernt werden müssen. Um die Masse streichfähig zu machen, nehme ich eine Mischung, die je zur Hälfte aus Öl und Wasser besteht. Ich spare so Kalorien ein, welche nicht zum Genuss beitragen.

Ich stelle Marinade in einer grösseren Menge her, weil dies viel einfacher ist. Zudem ist eine feine Marinade, in einem Gläschen abgefüllt, ein willkommenes Mitbringsel.

Die Haltbarkeit der Marinade im Kühlschrank ist nahezu unbeschränkt. Sollte die Marinade mit der Zeit etwas fest werden, so machen Sie diese mit etwas Öl wieder streichfähig. Ich verwende für alle Fleischarten die gleiche Marinade als Basis. Bei einem Lammgigot drücke ich zwei Zehen Knoblauch dazu, bei einer Kalbsbrust streue ich etwas Rosmarin darüber und bei einem Kalbsbraten ergänze ich die Marinade mit etwas abgeriebener Zitronenschale.

Natürlich können Sie Ihr eigenes Marinade-Rezept kreieren. Wichtig sind der Säureanteil und die Ausgewogenheit der Gewürze.

Mein Basisrezept

300 g	Senf
300 g	Streuwürze
120 g	schwarzer Pfeffer
50 g	Paprika
50 g	Majoran
50 g	Thymian
50 g	Rosmarin
10 Tropfen	Tabasco
etwa 1½ dl	Olivenöl
etwa 1½ dl	Wasser

Selbst ist die Frau – der Mann

Ich mariniere mein Fleisch selber. So kann ich den Frischezustand kontrollieren. Die Marinade enthält statt viel teures Öl und Farbstoffe die notwendige Säure, die das Fleisch schützt.

6 Zubereitung

Die Unwahrheit

Sicher kennen Sie die uralte Formel: «Fleisch heiss anbraten, um die Poren zu schliessen.» Dies ist schlicht eine Unwahrheit. Sie wurde 1927 von einem russischen Wissenschaftler in die Welt gesetzt, ohne dass der Nachweis dafür erbracht wurde. Fleisch hat keine Poren, wer Fleisch heiss anbrät, macht nur eines: Das Fleisch verrückt.

Das erlebt Fleisch

Sicher haben Sie beim Kochen schon einmal den Finger verbrannt. Und was ist dabei passiert? Obwohl Sie mit dem Finger sehr schnell ins kalte Wasser gehen, gibt es später eine Blase. Und was ist darin? Wasser! Der Unterschied zwischen ihrem Finger und einem Schweinsbraten ist viel, viel kleiner als Sie denken. Wenn Sie weiter Fleisch heiss anbraten, sollten Sie aus Solidarität zum Fleischstück eigentlich ihren Finger ebenfalls in die heisse Bratpfanne geben.

Fleisch lebt! Und etwas das lebt, verlangt nach einer guten, sanften Behandlung, da sonst Stress und Druck entstehen. In dieser Beziehung unterscheidet sich ein Schweinsbraten in keiner Art und Weise von einem Menschen. Versuchen Sie, Fleisch so sanft als möglich zu behandeln – Sie werden staunen, wie viel Mehr-Genuss dabei entsteht. Sanftheit ist aber für jeden Muskel etwas anderes.

Gabelzart ist nicht Niedergaren

Das herkömmliche Niedergaren «heiss anbraten und Poren schliessen» wird heute in der Küche recht verbreitet angewendet, erfüllt aber die Bedürfnisse der verschiedenen Fleischmuskeln überhaupt nicht. Kein Wunder, kann so kein optimaler Genuss entstehen. Bereits beim Anbraten werden

Enzyme inaktiviert und Vitamine weitgehend abgebaut, ein Schaden, der nicht wieder gut gemacht werden kann und der den Genuss mindert.

Je sanfter, desto besser

Die Bedürfnisse jedes Fleischstückes beim Garen sind unterschiedlich. Je besser sie erfüllt werden, desto mehr Genuss entsteht. Sanftheit beim Garen ist angesagt, jedenfalls so viel als möglich:

Bei einem **mageren Stück Fleisch** – es besteht aus 75 % Wasser – geht es darum, das Eiweiss zu verkleben. Dazu braucht es 50° C im Backofen und genügend Zeit. **Sanftheit bedeutet hier** eine Gartemperatur von 75° C.

Ist ein Fleischstück aber **mit Fett durchwachsen**, bedeutet Sanftheit etwas anderes. Gesottenes Fett schätzen die wenigsten Leute, ausgebratenes Fett aber trägt entscheidend zum Genuss bei. Die Fettzellen schmelzen erst ab etwa 116° C. Das Fett läuft aus und die Zellmembranen und andere Eiweisse bilden Grieben. Deshalb ist die tiefst mögliche Temperatur zum Garen einer Kalbsbrust 120° C. Das Fett läuft so in eine Auffangschale aus und kann weiterverwendet werden. Das Wasser im Fett verdampft und das übrig bleibende Bindegewebe – es sind die herrlich mundenden Grieben – bleibt. **Sanftheit bedeutet hier** eine Gartemperatur von maximal 120° C.

Fett auf der Aussenseite des Fleisches ist für mich die Voraussetzung, Fleisch ohne Schaden anzubraten. Je wärmer das Fleischstück im Kern zu Beginn des Anbratens ist, desto kürzer ist die Stressphase, desto kleiner der Saftverlust. Wer Fleisch ohne Fettauflage anbrät, ist an Genuss nicht interessiert, weil er das Fleisch unnötig quält. **Sanftheit bedeutet hier,** Fleisch vor dem Anbraten zu temperieren.

Bei einem mit **Sehnen und starkem Bindegewebe durchwachsen Fleischstück** – sie schützen es – gelten wieder andere Anforderungen. Dieses Fleisch wird mit Vorteil in der Sauce sanft gegart. Wer nach traditioneller Art solches Fleisch in eine kochende Flüssigkeit gibt, erlebt in Sekundenschnelle, wie sich das Fleischstück zusammenzieht und die Sehne steinhart wird. Sie bleibt hart und wird hoffentlich beim Essen weggeschnitten oder bleibt dann in den Zähnen hängen. Wann haben Sie das letzte Mal ein Stück Siedfleisch ohne anschliessenden Zahnstochereinsatz erlebt? Das muss nicht sein. Wer mit solchem Fleisch sanft umgeht – das heisst in diesem Falle maximal 75° C Bouillontemperatur und sehr viel Zeit – kann extremen Genuss erleben. Das Bindegewebe geliert so und trägt wesentlich zum Aroma bei. Wer mein Siedfleischrezept mit einer Garzeit von über 24 Stunden erlebt hat, wird staunen. **Sanftheit bedeutet hier** eine Bouillontemperatur von 70° C.

So funktioniert das Garen beim Fleisch

Schweizer Fleisch ist gesund und gesundes Fleisch kann man bedenkenlos roh essen. Aber gegart ist es mit Ausnahme von Tatar einfacher und schöner! Zum Garen des Fleisches sind zwei Temperaturen wichtig: Die Kerntemperatur und die Umgebungstemperatur, zwei ganz verschiedene Temperaturen.

Die **Kerntemperatur** sagt etwas aus über den Garpunkt. Da Fleisch im Zentrum immer steril ist, hat die Kerntemperatur nichts mit Hygiene zu tun. Ich spreche hier ausdrücklich von naturbelassenem Fleisch am Stück und nicht von Fleischerzeugnissen und Fleischprodukten wie Brät, Hackbraten und Hamburger, die im Kern immer auf über 65° C erhitzt werden müssen.

Die Kerntemperatur wird mit einem Messgerät in der Mitte des Fleischstückes erhoben. Viele Köche verzichten auf den Einsatz dieses Hilfsmittels und garen mit Gefühl. Da die Kerntemperatur von vielen verschiedenen Faktoren abhängt, wundert es nicht, dass Nachmessungen bei Gefühlsbraten sehr unterschiedliche Kerntemperaturen ergeben haben. Bei der Kerntemperatur gilt: Nicht je höher desto besser, sondern je genauer desto besser. Wenn Sie einen Braten mehr als nötig erhitzen, verlieren Sie pro Grad Kerntemperatur 1½ bis 2 % zu viel an Gewicht. Abweichungen von 10° C sind schnell erreicht und kosten Sie 15 bis 20 % Gewichtsverlust, die nicht nötig sind. Und unnötiger Gewichtsverlust ist immer auch Genussverlust.

Exaktes Garen lohnt sich. Während in der Fachliteratur für Köche bei einem Schweinsbraten ein Gewichtsverlust von 20 bis 30 % vorausgesagt wird, ist bei einem *Gabelzart* gegarten Schweinsbraten mit etwa 5 % zu rechnen!

Die **Umgebungstemperatur** ist nötig, um die Kerntemperatur auf die gewünschte Höhe zu bringen. Dies erfolgt im Backofen, in der Bratpfanne, im Topf, auf dem Grill. Die Sonne (Fleisch zugedeckt) sowie die Zentralheizung können dabei aber auch sehr gute Dienste leisten.

Das Umfeld

Mit der Umgebungstemperatur erreichen wir ganz verschiedene, zum Teil erwünschte und zum Teil unerwünschte Dinge:

- Senkung des Hygienerisikos
- Schaffung eines Röstaromas
- Inaktivierung der Enzyme
- Abbau der B-Vitamine

Hitze ist in der Küche nötig, kann aber gleichzeitig Gift für den Genuss sein. Je sanfter die Kerntemperatur erreicht wird, desto besser können die Enzyme wirken und desto mehr Vitamine bleiben erhalten. Das Bundesamt für Gesundheit attestiert *Gabelzart* grosse Vorteile. Sanft behandeltes Fleisch ist sehr gutmütig und erträgt erstaunlich viel. Was Sanftheit für die verschiedenen Muskeln bedeutet, habe ich auf den Seiten 48 und 49 aufgezeigt.

Vergleich der Vitaminretention der *Gabelzart*-Garmethode mit normalem Garen und rohem Fleisch

	Vitamin B1 Milligramm	Vitamin B2 Milligramm	Vitamin B6 Milligramm	Folsäure Mikrogramm
rohes Fleisch	0.9	0.1	0.6	1.6
Gabelzart gegartes Fleisch, Analysenresultat Interlabor	0.8	0.1	0.5	1.6
normales Garen (>75° C Kerntemperatur) gemäss wiss. Literatur	0.5	0.1	0.4	2.0

Quelle: ALP Posieux

Die Feuchtigkeit

Neben der Temperatur spielt die Feuchtigkeit eine ganz, ganz entscheidende Rolle. Feuchtigkeit leitet die Temperatur viel schneller und sorgt zum Beispiel bei einem mageren Braten rasch für Stress und Druck, was zu einem sichtbar höheren Saftaustritt führt. Ich lege einen mageren Braten auf dem Backofenrost und stelle eine feuerfeste Form darunter. Wenn Sie den Braten direkt in die feuerfeste Form legen, steigt die Kerntemperatur viel schneller an, weil zwischen dem Fleisch und dem Geschirr ein Feuchtigkeitsfilm entsteht. Vermeiden Sie das Ihrem Genuss zuliebe.

Zubereitung

Wenn Sie eine grössere Menge Fleisch im Backofen garen, so empfiehlt es sich, eine kleine Kelle in die Backofentüre zu klemmen, damit die Feuchtigkeit entweichen kann. Im Prinzip findet hier das gleiche statt wie in einer Sauna. Die trockene Luft wird gut ertragen. Sobald jemand einen Aufguss macht, wird es heiss; nach dem zweiten Aufguss noch heisser und nach dem dritten Aufguss sind die Leute draussen – die Hitze wird unerträglich – nur unser Schweinsbraten muss drin bleiben und erlebt Stress vom Feinsten.

Wenn Sie trotz allem Feuchtigkeit im Backofen haben, hilft nur eine drastische Temperaturreduktion, damit die Kerntemperatur nicht zu schnell steigt und das Wasser im Fleisch bleibt.

Da mageres Fleisch möglichst trocken gegart werden sollte, ist der Einsatz eines Steamers nicht sinnvoll. Aber bei einem Trutenragout in der Sauce kann er gute Dienste leisten.

Das Anbraten

Ein magerer Braten sollte von allen Seiten angebraten werden. Dies ist in ganz kurzer Zeit möglich, weil ja das Fleischstück schon warm ist und der Anbratprozess deshalb sehr schnell geht. Das Anbraten des Fleisches darf nie im Backofen erfolgen, weil sonst Stress entsteht.

Das Aufwärmen

Fleisch sollte nie bei einer höheren Temperatur als die beim Garen verwendete aufgewärmt werden, weil sonst viel Saft herausläuft und der eingesparte Saftverlust verloren geht.

Das Erstaunliche

Immer wieder habe ich mich gewundert, wie derart unsinnige und genussfeindliche Forderungen bezüglich Hygiene und Temperaturen in die GHP (Gute-Herstellungs-Praxis) Aufnahme gefunden haben. Der Metzger wendet in seiner Fabrikation der Qualität der Produkte zuliebe andere Standards an, als er über die Theke den Kunden erzählt. Was ist der Grund, dass der Wursthersteller eine Kalbsbratwurst bei maximal 72°C Wassertemperatur gart und dem Konsumenten gesagt wird, eine Waadtländer Saucisson – es ist die heikelste Wurst zum Garen – sei 45 Minuten bei 85°C zu garen?

Das Umfeld

Die Energiekosten

Wer ein modernes Auto mit Benzinverbrauchsanzeige fährt, weiss, welch grosse Auswirkung eine Spitzenleistung auf den Verbrauch hat. Genauso verhält es sich bei einem Braten. Eine grosse Deutsche Gerätefirma hat mir in verdankenswerter Weise einen Vergleich des Energiebedarfs zwischen einem *Gabelzart*-Braten und einem normalen Braten gemacht. Der Energieverbrauch beim sanft gegarten *Gabelzart*-Braten ist ein Drittel kleiner als der mit der alten Methode gegarte. Beim Siedfleisch im Backofen verhält es sich ähnlich. Ist die Betriebstemperatur von 75° C einmal erreicht, so bewegen sich die Energiekosten pro Stunde im Bereich von 3,5 Rappen bzw. 3 Cent – dies bei gleichzeitigem Garen von zwölf Fleischportionen.

Die Reinigung

Logisch, dass die Reinigung des Backofens nach dem Gebrauch mit 75° C schneller und mit weniger Umweltgiften erfolgen kann als nach einem auf herkömmliche Art mit 180° C gegarten Braten.

Genauigkeit lohnt sich

Fleisch reagiert – sofern es sanft behandelt wird – sehr gutmütig, was die Zeit betrifft. Bei der Kerntemperatur folgt die Reaktion bei zu hohen Temperaturen sofort. Dies hat man auch in anderen Kulturen gemerkt: In der Mongolei werden Buuz (das sind gedämpfte Teigtaschen gefüllt mit Fleisch) nur ganz kurz – die Mongolenfrau zählt mit – gegart. Auf Fidschi in der Südsee wird Lovo, das Fleisch aus dem Erdloch, genauso exakt zubereitet wie ein exquisites Rindssteak in Andalusien.

Keine Manipulation nötig

Unsere Technik hat es weit gebracht, zu weit, finde ich. Nicht alles, was nicht verboten ist, ist auch sinnvoll und muss angewendet werden. Wenn ich mir im Ausland die Zeit nehme und mich einen halben Tag neben einen

Zubereitung

Küchenchef in einem Vier-Stern-Hotel stelle und still zuschaue, was er tut, erlebe ich neben dem Einsatz von natürlichen Zartmachern wie Ananas und Papaya auch Mittelchen, die der Zartheit des Fleisches nachhelfen.

Wir finden heute Poulet-Geschnetzeltes im Tiefkühler, welchem über 10 % Fremdwasser zugesetzt worden ist und als Fleisch verkauft wird. Behandeltes Fleisch sollte eigentlich als «Fleischzubereitung» bezeichnet werden, um den Konsumenten nicht zu täuschen. Das angewendete Tumblerverfahren ermöglicht dies, aber verändert das Fleisch. Es erträgt beim Garen viel höhere Temperaturen ohne Schaden, ist hygienisch bedenklich, weil das Zentrum nicht mehr steril ist und ein gummiartiger Biss entsteht. Ein kompakter, natürlicher Schweizer Pouletschenkel ohne Knochen wird auch ohne diese Behandlung zu einer richtigen Delikatesse.

Der Grill

Eine deutsche Renommierzeitschrift fasste meine Ausführungen zum Thema Grill mit der Aussage «Schweizer kremieren Fleisch» zusammen. Hart, aber zutreffend. Was oft auf einem Grill stattfindet, hat wenig mit Genuss zu tun. Wir legen ein kaltes, mageres Fleischstück auf eine 10 cm hohe Holzkohlenglut – sie gibt locker über 400° C ab – und erwarten Genuss! Das kann nicht gut gehen.

Das Umfeld

Alle meine Ausführungen gelten auch für die Zubereitung auf dem Grill: Sofort nach dem Einkauf eine säurehaltige Marinade ums Fleisch geben; dem Fleisch Wärme schenken (die Sonne leistet da beste Dienste), das temperierte Fleisch (es hat im Kern an die 40° C) auf ein offenes Holzfeuer legen. Die Garzeit ist so extrem kurz, der Saftaustritt äusserst bescheiden und Schadstoffe wegen dem offenen Feuer können der kurzen Garzeit wegen gar nicht erst entstehen.

Fleisch mit Knochen

Ich bevorzuge das Garen von Fleisch ohne Knochen, weil die Zubereitung einfacher und exakter erfolgen kann.

Das Fleisch um den Knochen braucht eine längere Garzeit, was dazu führt, dass ich am gleichen Fleischstück zwei verschiedene Garzeiten habe. Dies führt in der Praxis zu einer Genussminderung.

Dazu kommt, dass es nicht einfach ist, z. B. ein Lammgigot mit Knochen nach dem Garen in schöne Scheiben zu schneiden und erst noch warm genug auf den Tisch zu bringen.

Bitte keine Ausrede

Die *Gabelzart*-Zubereitung gibt nicht mehr Aufwand, verlangt aber nach etwas Organisation und Überwindung.

Ich bin mir bewusst, für viele Leute in der Gastronomie eine Störung zu sein, die Unruhe stiftet. Eine Neuerung ist immer auch eine Umstellung, und eine solche wird oft als Störung empfunden. Mein System funktioniert aber und wurde selbst in grossen Gastronomiebetrieben deren Bedürfnissen angepasst.

7 Kochzeiten

Wer im Zusammenhang mit dem Garen von Fleisch Kochzeitangaben macht, zeigt, dass er von Fleisch und Genuss wenig versteht. Eine Kochzeitangabe kann nie genau sein und geht immer zulasten des Genusses!

Viele Faktoren, die die Garzeit beeinflussen, sind von Fleischstück zu Fleischstück unterschiedlich. Es ist nicht relevant, ob ein Schweinsnierstückbraten 1 oder 3 Kilogramm schwer ist. Die Garzeit wird u. a. beeinflusst durch

- den Durchmesser des Fleischstückes
- die Ausgangs-Kerntemperatur
- die Anforderungen des Fleischstückes
- die Ofenleistung und
- die Genauigkeit des Backofens.

Bei einem **mageren Braten** ist einzig die Kerntemperatur wichtig. Nicht je höher, desto besser, sondern die genaue Kerntemperatur zählt – und die beträgt bei einem Trutenbraten oder Schweinsnierstückbraten 55° C.

Bei einem **Rindsbraten zum Schmoren** ist mit einer Garzeit von etwa 24 Stunden zu rechnen. Auch hier zählt nicht die Zeit – einzig und allein die Garprobe mit der Stricknadel ist entscheidend. Erst wenn die Nadel ohne Widerstand durch das Fleisch geht, ist es gar.

Bei einem **Steak** wird die Garprobe mit dem Fingerdruck gemacht: Der Widerstand an der Stirn entspricht «bien cuit», der Druck an der Nase entspricht «saingnant oder rosé» und derjenige an der Zunge «bleu». Die Garzeit hängt bei einem Steak von der Ausgangstemperatur im Fleischinnern und von der Dicke ab. Ein Steak, das bei einer Backofentemperatur von 40° C während einigen Stunden zart gemacht wurde, ist anschliessend auf dem Grill in wenig mehr als 2 Minuten fertig gegart.

Das Umfeld

Ruhen lassen

Weil beim Braten grosse Hitze auf das Fleisch kommt, sollte man den Garprozess frühzeitig abbrechen und dem Fleisch in einer Umgebungstemperatur von 60° C etwa 10 Minuten Zeit zur Besinnung geben. So wird keine Energie vergeudet und das Fleisch nicht unnötig gestresst.

8 Hygiene

Wir sind in Europa Kälte- und Hygiene-geschädigt. Der Gesetzgeber will für den Konsumenten grösstmögliche Sicherheit (die es nicht gibt), und dies geht klar zulasten des Genusses.

Wir übertreiben

Wir übertreiben betreffend Hygiene. Obwohl das Gesetzeswerk sehr umfassend ist, sind die Risiken nicht kleiner geworden, weil wichtige Unterschiede nicht beachtet werden und gesunder Menschenverstand nicht durch Gesetze ersetzt werden kann.

Ein Kleinbetrieb, welcher morgens einkauft, rüstet und kocht und in dem die Speisen mittags gegessen, nachmittags verdaut und bald der Kanalisation zugeführt werden, hat bei Beachtung der persönlichen Hygiene schlicht «kein Risiko».

Anders ein Grossbetrieb, wo täglich einige 10'000 Portionen Schinken geschnitten, verpackt und in die weite Welt verschickt werden. Hier sind strenge Kontrollen sinnvoll und werden durch speziell geschultes Personal auch gemacht.

Beide Betriebe haben die gleichen Anforderungen und Kontrollauflagen.

In einem Restaurant müssen täglich jede Menge Kontrollformulare ausgefüllt werden. Das Kochen wird da zur «Nebensache». Und über Genuss wird leider zu wenig gesprochen. Es bleibt keine oder nur wenig Zeit dazu. Ich habe vor noch nicht langer Zeit meinen Hausarzt nach seinem Hygiene-Konzept gefragt und nur unverständliche Blicke als Antwort erhalten, weil ausser dem Sterilisieren der Geräte keine Auflagen bestehen!

Wir brauchen Bakterien

Bakterien sind wichtig in unserem Leben – sie sind allgegenwärtig. Ohne sie können wir nicht leben. Eine Kläranlage braucht sie ebenso wie die Käseherstellung. Die überwiegende Mehrzahl der Bakterien ist nützlich, nur einige wenige können Schaden anrichten.

Bakterien reagieren sehr temperaturempfindlich, unter 5°C vermehren sie sich nur ganz langsam und spätestens ab 63 °C werden sie abgetötet. In welcher Bratpfanne hat es nicht mehr als 63°C? In der warmen Küche von einem Hygienerisiko zu sprechen, halte ich für stark übertrieben. Anders sieht es aus, wenn in der warmen Küche nicht sofort konsumiert, sondern auf Vorrat produziert wird. Hier ist eine sehr schnelle Herunterkühlung der Produkte auf unter 5°C sehr wichtig.

Achtung kalte Küche

Ganz anders sieht es mit den Risiken in der kalten Küche aus. Darunter fallen eiweiss- und fetthaltige Produkte, welche vor dem Verzehr nicht mehr erhitzt werden. Hier ist grösste Hygiene angesagt. Das Problem dabei ist der Mensch, respektive seine Hände. Auf einer normalen Hand ist mit 100 Millionen Keimen zu rechnen. Schauen Sie einmal, was Leute, die heikle Lebensmittel bearbeiten, alles mit ihren Händen – oder noch schlimmer – mit ihren Plastikhandschuhen tun, ohne sie zwischendurch zu reinigen oder zu wechseln!

In der Schweiz leben Menschen aus ganz verschiedenen Kulturen. Darunter hat es solche, die nach dem Toilettenbesuch kein Wasser und kein Papier für die Reinigung verwenden! Darüber wird geschwiegen, das Risiko bleibt.

Ein wichtiger Unterschied

Fleisch ist im Zentrum steril und deshalb hygienisch problemarm, auch wenn es im Kern nicht stark erhitzt wird. Die Bakterien befinden sich nur auf der Oberfläche und auch die gefährlichen unter ihnen werden bei Temperaturen über 63°C abgetötet.

Anders ist es bei **Fleischwaren** (Hackbraten, Fleischkäse oder Füllungen). Sie enthalten ebenfalls Fleisch und müssen, weil das Zentrum ja nicht steril ist, unbedingt auf eine Kerntemperatur von über 63°C erhitzt werden.

Der Mensch ist wichtig

Das Risiko bei Lebensmitteln ist der Mensch und nicht das Produkt. Gesundes rohes Fleisch ist im Zentrum immer steril, die Bakterien sind nur auf der Oberfläche. Dies gilt auch bei Geflügel. Das Problem liegt hier beim Saft und der Behandlung durch den Menschen. Wenn Pouletsaft mit Lebensmitteln, die vor dem Verzehr nicht erhitzt werden, in Berührung kommt, vergrössert sich das Hygienerisiko schlagartig. Dies ist auch der Fall, wenn der Reinigungslappen nach der Bearbeitung nicht gewechselt wird. (Noch besser ist es allerdings, wenn Sie bei heiklen Produkten für die Reinigung Küchenpapier verwenden.)

Produktion von frischem Hackfleisch.

Das Lebensmittelgesetz unterscheidet nicht zwischen der Produktion auf Vorrat und dem normalen Kochen im Haushalt. Bei Letzterem nach Hygienerisiken zu suchen, finde ich Zeitverlust. Bei der Produktion auf Vorrat in der Gastronomie gelten ganz andere Kriterien, welche zwingend eingehalten werden müssen.

Die Temperaturen, mit denen Fleisch behandelt und gelagert werden müssen, sind für die Enzyme, die das Fleisch zart machen, viel zu tief. Fleisch braucht Wärme, um zart zu werden. Die *Gabelzart*-Methode ermöglicht dies auf eine sichere Art, weil die säurehaltige Marinade den pH-Wert auf der Fleischoberfläche senkt und somit die Vermehrung der Bakterien bremst.

Das Umfeld

9 Gesetze

Die *Gabelzart*-Garmethode entspricht dem Schweizerischen Gesetz.

Das 1995 eingeführte und von der EU übernommene Lebensmittelgesetz stellt hohe Anforderungen an die Verarbeitung von Lebensmitteln. Hundertprozentige Sicherheit wird angestrebt – und dies geht klar zulasten des Genusses. Die Basis für GHP (gute Herstellungspraxis, im Lebensmittelhandbuch umschrieben) wurde entsprechend angepasst und sehr einseitig auf die Sicherheit ausgelegt. Bei einer Pouletbrust mit einer geforderten Kerntemperatur von 75° C noch von Genuss zu sprechen, ist stark übertrieben. Genuss zu erreichen wurde verunmöglicht; die Gastronomie handelte und stieg auf vorfabrizierte Produkte um.

Art. 25 LGV

Das Lebensmittelgesetz wurde mehrfach revidiert. 2005 wurden wichtige Artikel der Lebensmittelverordnung der Praxis angepasst. In Artikel 25 der Lebensmittelverordnung (LGV) findet sich die für *Gabelzart* wichtige Basis, um die Kühlkette bei Fleisch unter bestimmten Umständen eine gewisse Zeit zu unterbrechen. So erhalten die vorhandenen Enzyme die Möglichkeit, Fleisch zart zu machen.

Aus rechtlicher Sicht beginnt der Zubereitungsprozess mit dem Marinieren. (LGV: Art.19 Abs. 2/Art. 47 und HyV: Art. 25 Abs. 3.)

Gabelzart garantiert Sicherheit

Wer GHP nicht einhält, muss seine eigenen Prozess-Schritte definieren und für die entsprechende Sicherheit sorgen. *Gabelzart* macht das. Selbstverständlich entspricht die *Garbelzart*-Methode den Anforderungen, wichtige Schritte wurden im Labor abgeklärt.

Die fünf Garmethoden

Magerer Braten
Trutenbraten, Gänsebrust
aber auch Schweinsnierstückbraten, Kalbsbraten, Huft, Roastbeef, Lammgigot

Mit Fett/Haut durchwachsene Braten
Poulet ganz, Pouletschenkel mit Bein
aber auch Schweinshals, Kalbsbrust

Steaks
Pouletschenkel ohne Bein
Pouletbruststeak
aber auch Steaks aller Fleischrassen, Lammnierstücke, dicke Koteletts

Geschnetzeltes
Pouletbrust geschnetzelt, Pouletschenkelwürfel
aber auch mageres, zartes Fleisch vom Hinterviertel

Saucenfleisch
Trutenragout, Suppenhuhn
aber auch Siedfleisch, Schmorbraten, Ragout, Kalbshaxe

Magerer Braten

Hier geht es darum
- das Fleisch noch zarter zu machen
- den Garprozess mit 75° C so sanft als möglich zu gestalten
- die Oberfläche zum besten Zeitpunkt noch schmackhafter zu machen.

Fleischsorten
- Trutenbraten
- Gänsebrust

Aber auch
Schweinsnierstück, Kalbsbraten, Roastbeef, Filet am Stück, Lammgigot

Die Prozess-Schritte

1. Fleisch mit säurehaltiger Marinade rundum bestreichen und ungezieferdicht verpacken.

2. Fleisch reifen – Wärme schenken
- genug Zeit   etwa 4 Tage bei 15° C
- wenig Zeit   24 Stunden bei Zimmertemperatur
- ganz wenig Zeit   bei 40° C im Backofen

3. Fleisch garen
- Gut 4 Stunden vor dem Essen Fleisch auspacken und **ohne anzubraten** auf den Rost im Backofen legen; Saftschale darunterstellen
- Backofentemperatur auf 75° C stellen, Temperaturmesser stecken und garen, bis die Kerntemperatur von 55° C erreicht ist. Die Dauer hängt von der Dicke des Muskels und von der Ausgangstemperatur im Kern ab; bei einem Schweinsnierstückbraten beträgt sie etwa 1½ Stunden.

4. Fleisch anbraten
- Nach Erreichen der Kerntemperatur von 55° C Fleisch in der Bratpfanne oder auf dem Grill allseitig ganz kurz anbraten
- Backofentemperatur auf 55° C reduzieren.

5. Fleisch ruhen lassen
- Angebratenes Fleisch bis zum Essen wieder in den Backofen geben
- Teller im gleichen Backofen vorwärmen
- 20 Minuten vor dem Essen Temperatur nochmals auf 75° C erhöhen.

6. Fleisch servieren
- Stärkebeilage und Gemüse auf ganz heisse Teller anrichten
- Mit sehr heisser Sauce einen Saucenspiegel machen
- Fleisch auf Saucenspiegel legen, nicht mit Sauce zudecken
- Sofort essen.

Speziell beachten
- Marinade vor dem Anbraten nicht entfernen
- Feuchtigkeit im Backofen vermeiden
- Nicht mittels Höherstellen der Backofentemperatur anbraten
- Braten nicht zu klein einkaufen; «Reste» sind vielseitig verwendbar
- Das Programm «Niedergaren» eines modernen Backofens ist nicht ideal, stellen Sie die Temperaturen von Hand ein.

Die Kerntemperaturen
Garen Sie das Fleisch bei 75° C Backofentemperatur bis folgende Kerntemperaturen erreicht sind und braten Sie es nachher sofort an.

47° C	49° C	55° C
Rind bleu	Rind saignant	Rind bien cuit
Roastbeef	Kalbsfilet	Kalbsbraten
Rindsfiletbraten	Schweinsfilet	Schweinsbraten
	Gänsebrust	Trutenbraten
		Lammgigot

Die fünf Garmethoden

Gänsebrust mit Rosinensauce

2 Gänsebrüste	abspülen, trocknen und mit
1 EL säurehaltiger Marinade	leicht einstreichen und 1 Tag zugedeckt bei Zimmertemperatur stehen lassen
Gänsebrust	3 Stunden vor dem Essen im Backofen bei 75° C auf Gitterrost legen und garen, bis die Kerntemperatur von 48° C erreicht ist
Gänsebrust	sofort zuerst kurz auf der Fleischseite und dann kräftig auf der Hautseite anbraten und bis zum Essen zurück in den Backofen bei 55° C geben
150 g Karotten	in kleine Würfel schneiden
150 g Sellerie	in kleine Würfel schneiden
150 g Lauch	fein schneiden und
5 dl Gemüsebouillon	dazugeben und alles weich garen
75 g Basler Leckerli	im Cutter zerkleinern und beigeben
125 g Rosinen	beigeben, Sauce auf die gewünschte Konsistenz einreduzieren
½ Zitrone	Saft beigeben
1 Msp Zucker	beigeben
50 g Mandelsplitter	beigeben, mit
Salz und schwarzen Pfeffer	abschmecken
Tipp	Schmeckt hervorragend auch mit entbeinten Pouletschenkeln (Foto).

Magerer Braten

Trutenbraten

900 g Trutenfilet	oder längliches Stück von der Brust, abspülen, abtrocknen und mit
2 EL säurehaltiger Marinade	rundum einstreichen, mit Folie zudecken und Wärme schenken (siehe dazu Seite 39)
7 Scheiben Landrauchschinken	4 Stunden vor dem Essen schuppenartig auslegen Trutenfilet darauf geben und mit
1 TL abgeriebener Zitronenschale	bestreuen

Fleisch in den Schinken einwickeln und mit einer Schnur fixieren, damit ein Paket entsteht

Filet ohne anzubraten auf den Gitterrost des Backofens legen, Saucenschale darunter stellen und bei 75° C Ofentemperatur garen, bis die Kerntemperatur von 55° C erreicht ist

Fleisch nach dem Erreichen der Kerntemperatur sofort auf allen Seiten anbraten, bis der Schinken ein wenig Farbe angenommen hat

Braten wieder in Backofen legen und bei 55° C Backofentemperatur ruhen lassen

Schnur entfernen

15 Minuten vor dem Essen Backofen nochmals auf 75° C stellen

Teller im gleichen Backofen vorwärmen

Magerer Braten

Sauce

1 Scheibe Landrauchschinken	fein schneiden und in der Bratpfanne glasig garen
1 Knoblauchzehe	zerdrücken und fein schneiden und dazugeben
1 TL abgeriebene Zitronenschale	dazugeben
40 cl Gin	dazugeben und alles aufkochen lassen
1 TL Trockenbouillon	dazugeben
1 EL Kalbsfond-Instant	dazugeben
2 dl Saucenrahm	dazugeben, mit
Salz	und
schwarzem Pfeffer	abschmecken
	Konsistenz sicherstellen
	Gericht mit
2 EL gehacktem Schnittlauch	verfeinern

Tipp Trutenbrust erst kurz vor dem Garen mit Landrauchschinken umwickeln, weil sich sonst die Farbe des Fleisches verändert (wird vom Nitrit des Schinkens rot).

Anstelle von Landrauchschinken kann auch ein getrockneter Speck verwendet werden.

Sauce nur kurz kochen, weil sonst der Landrauchschinken in der Sauce hervorsticht.

Die fünf Garmethoden

Kalbsbraten rustikal

900 g Kalbsbraten	vom Runden Mocken
½ TL Kümmel	und
½ TL abgeriebene Zitronenschale	und
1 Knoblauchzehe	ganz fein hacken und mit
1 TL Olivenöl	und
1½ EL säurehaltiger Marinade	mischen

Braten mit drei Viertel der Masse einstreichen und mit Klarsichtfolie zudecken und Wärme schenken (siehe dazu Seite 39)

4 Stunden vor dem Essen Braten ohne anzubraten auf Backofenrost legen und bei 75° C Backofentemperatur garen, bis die Kerntemperatur von 55° C erreicht ist. Geschirr zum Auffangen des Saftes darunter stellen

Braten nach Erreichen der Kerntemperatur sofort in der Bratpfanne allseitig kurz anbraten, bis er etwas Farbe erhalten hat

Backofentemperatur auf 55° C reduzieren, Braten wieder in Backofen zurückgeben und bis zum Essen ruhen lassen

20 Minuten vor dem Essen Backofentemperatur nochmals auf 75° C erhöhen, damit das Fleisch schön warm auf den Tisch kommt. Die Teller bei der gleichen Temperatur vorwärmen!

Sauce

½ dl Gin	oder Cognac in Pfanne geben und aufkochen lassen
	restliches Viertel der Masse beigeben
1 TL Trockenbouillon	beigeben
1 EL Kalbsfond-Instant	beigeben
180 g Saucenrahm	beigeben und aufkochen lassen
1 Prise Zucker	beigeben, mit
Salz	und
schwarzem Pfeffer	würzen
	Gewünschte Konsistenz erstellen

Sauce vor dem Servieren aufkochen

2 EL Sauce auf Teller geben und 2 dünne Fleischscheiben auf Saucenspiegel legen

Die fünf Garmethoden

Rindsfilet am Stück rustikal

900 g Rindsfilet Mittelstück	mit kaltem Wasser abspülen und trocknen
1 TL Paprika 1½ EL säurehaltige Marinade	und mischen und damit Fleisch rundum einstreichen Fleisch mit Klarsichtfolie zudecken und Wärme schenken (siehe dazu Seite 39)
	4 Stunden vor dem Essen Fleisch ohne anzu- braten auf den Gitterrost des Backofens legen, feuerfeste Form darunter stellen
	Backofentemperatur auf 75° C einstellen und garen, bis die Kerntemperatur von 48° C erreicht ist
1 EL Öl	in Bratpfanne geben und Fleisch ganz kurz rundum anbraten
	Backofentemperatur auf 55° C reduzieren und Fleisch wieder in den Backofen geben
	20 Minuten vor dem Essen Temperatur noch- mals auf 75° C hochstellen Teller im gleichen Backofen wärmen

Sauce

1 TL Öl	und
1 grosser Markknochen	in Topf geben und bei mittlerer Temperatur braten
	Knochen entfernen und Mark zerdrücken
1 Schalotte	ganz fein schneiden und beigeben
1 Prise Salz	beigeben und bei kleiner Hitze gut weich dünsten
2 dl Rotwein	beigeben und auf die Hälfte einkochen lassen und alles mit dem Mixer pürieren
½ Bouillonwürfel	beigeben
1 TL Kalbsfondpulver	beigeben und aufkochen lassen
100 g Saucenrahm	beigeben, mit
Salz	und
schwarzem Pfeffer	abschmecken
	Konsistenz prüfen
1 EL Schnittlauch	geschnitten beigeben

Fleischtranchen auf heissen Saucenspiegel legen (nicht mit Sauce zudecken!)

Serviertrick Fragen Sie Ihre Gäste nach dem gewünschten Garpunkt. Wenn ich ein Roastbeef oder einen Filetbraten serviere, habe ich immer eine Teflonpfanne mit einem kleinen Stück heisser Butter auf dem Herd. Für Gäste, welche das Fleisch à point wünschen, schwenke ich das Fleischstück eine halbe Sekunde beidseitig durch die Pfanne. Die Farbe ändert sich blitzschnell und alle kommen auf ihre Rechnung.

Die fünf Garmethoden

Entenschenkel ohne Bein

2 Entenschenkel	entbeinen und mit
2 EL säurehaltiger Marinade	fein einstreichen und zugedeckt Wärme schenken (siehe dazu Seite 39)
50 g Speckwürfel	(Bauchspeck geräuchert) anbraten und herausnehmen
2 Zwiebeln	fein schneiden und im Speckfett andünsten
2 Karotten	fein würfeln und beigeben
2 Nelken	zerstossen, beigeben
5 Pimentkörner	beigeben
1 Lorbeerblatt	beigeben
½ Bouillonwürfel	beigeben
2 dl Rotwein	beigeben und 10 Minuten köcheln lassen
1 EL Kalbsfond-Instant	beigeben
1 TL Zucker	beigeben
125 g Sauerrahm	beigeben
	Speckwürfel wieder beigeben
	Sauce abschmecken und Lorbeerblatt entfernen
Entenschenkel	4 Stunden vor dem Essen auf den Gitterrost des Backofens bei 75° C legen, bis die Kerntemperatur von 55° C erreicht ist
	Schenkel auf der Fleischseite kurz, auf der Hautseite intensiv anbraten und anschliessend bis zum Essen wieder in den Backofen bei 55° C geben
	15 Minuten vor dem Essen die Backofentemperatur auf 75° C schalten
	Fleisch auf einem Saucenspiegel servieren

Magerer Braten

Das will ich ausprobieren Datum

Die fünf Garmethoden

Braten mit Fett durchzogen

Darunter verstehe ich zarte Braten, welche innen und aussen Fett oder Haut oder einen Knochen haben.

Hier geht es darum
- das Fleisch noch zarter zu machen
- das Fett/die Haut knusprig zu bräunen, ohne dem Fleisch zu viel Druck zuzufügen.

Fleischstücke
- Ganzes Poulet
- Poulet americaine (Butterfly)
- Pouletschenkel mit Knochen
- Truten-Oberschenkel-Braten

Aber auch
Kalbsbrust, Schweinshals

Die Prozess-Schritte
Bedingt durch die unterschiedlichen Fleischarten sind verschiedene Varianten aufgezeigt.

1. Fleisch mit kaltem Wasser abspülen, mit Papier abtrocknen, mit säurehaltiger Marinade rundum bestreichen und ungezieferdicht verpacken.

2. Fleisch reifen – Wärme schenken
- Poulet ganz   4 Stunden bei Zimmertemperatur
- Schweinshals genug Zeit   etwa 4 Tage bei 15° C
- Schweinshals wenig Zeit   24 Stunden bei Zimmertemperatur

Braten mit Fett durchzogen

- Schweinshals ganz wenig Zeit bei 40°C im Backofen
- Kalbsbrust 24 Stunden bei Zimmertemperatur

3. Fleisch garen: Poulet
- Legen Sie das Poulet mit der Bauchöffnung nach hinten auf das Gitter Ihres Backofens und schieben Sie eine Saftschale darunter
- Stellen Sie den Backofen für 45 Minuten auf 90°C ein
- Erhöhen Sie die Backofentemperatur auf 180°C Umluft
- Sobald der Saft klar aus dem Bauchinnern austritt, ist das Poulet gar, keimfrei und saftig. Und sollte so schnell als möglich gegessen werden
- Wenn das Poulet nicht sofort gegessen werden kann, Backofentüre öffnen und Temperatur auf 60°C reduzieren.

Schweinshalsbraten
- Gut 4 Stunden vor dem Essen Fleisch ohne anzubraten auf den Rost im Backofen legen; Saftschale darunterstellen
- Backofentemperatur auf 120°C einstellen, Kerntemperaturmesser stecken und garen, bis die Kerntemperatur von 64°C erreicht ist. Die Dauer dieses Prozesses hängt von der Dicke des Muskels und von der Ausgangstemperatur im Kern ab; rechnen Sie mit etwa 1 Stunde
- Reduzieren Sie die Backofentemperatur auf 60°C (Backofentüre kurz öffnen) und lassen Sie den Braten 1 bis 2 Stunden ruhen
- 20 Minuten vor dem Essen erhöhen Sie die Backofentemperatur nochmals auf 75°C, damit das Fleisch schön warm ist.

Kalbsbrust
- Gut 4 Stunden vor dem Essen Fleisch auspacken und ohne anzubraten auf den Rost im Backofen legen; Saftschale darunterstellen
- Backofentemperatur auf 120°C einstellen
- Nach 3 Stunden stechen Sie mit einem spitzen Messer überall ins Fleisch, wo Sie Fett vermuten, damit das Öl auslaufen kann
- Nach 3½ Stunden kontrollieren Sie die Farbe Ihrer Kalbsbrust. Wenn sie zu wenig braun ist, erhöhen Sie die Backofentemperatur auf 130°C
- Nach 3¾ Stunden reduzieren Sie die Backofentemperatur auf 60°C (Türe öffnen) und lassen den Braten bis zum Essen ruhen.

4. Fleisch servieren
- Stärkebeilage und Gemüse auf ganz heisse Teller anrichten
- Mit sehr heisser Sauce einen Saucenspiegel bilden

- Fleisch auf Saucenspiegel legen, nicht mit Sauce zudecken
- Sofort essen.

Speziell beachten
- Marinade vor dem Anbraten nicht entfernen
- Feuchtigkeit im Backofen vermeiden
- Nicht mittels Höherstellen der Backofentemperatur anbraten
- Braten nicht zu klein einkaufen; «Reste» sind vielseitig verwendbar
- Das Programm «Niedergaren» eines modernen Backofens ist nicht ideal, stellen Sie die Temperatur von Hand ein
- Das Poulet darf nicht «gebunden» sein!
- Reinigungslappen nach der Bearbeitung des Poulets in die Wäsche geben. Hände mit Seife reinigen und mit etwas Zitronensaft netzen.

Braten mit Fett durchzogen

Pouletschenkel mit Knochen primitiv

4–6 Pouletschenkel	abspülen, abtrocknen
1 TL Sojasauce	und
2 EL säurehaltige Marinade	mischen
Pouletschenkel	rundum damit einstreichen, in feuerfeste Form legen, mit Klarsichtfolie zudecken und Wärme schenken (siehe dazu Seite 39)
Pouletschenkel	in einer feuerfesten Form für 20 Minuten in den Backofen bei 120° C stellen, anschliessend Temperatur auf 180° C erhöhen, bis die Schenkel eine schöne Farbe erhalten haben
	Backofen ausschalten und Tür kurz öffnen Schenkel bis zum Essen (während 20 Minuten) bei mindestens 60° C durchziehen lassen
	15 Minuten vor dem Essen Pouletschenkel in eine Servierschüssel geben
1 dl Rotwein	In die noch heisse, feuerfeste Form geben und Bratrückstände auflösen Rotwein und Bratrückstände in einen Topf geben, etwas einkochen lassen und mit
1 Msp Trockenbouillon	und
1 TL Kalbsfond-Instant	und
1 TL Saucenrahm	verfeinern, mit
Salz und schwarzem Pfeffer	abschmecken Bratsaft von den Pouletschenkeln dazugeben und die gewünschte Konsistenz erstellen
Tipp	Fleisch mit Knochen hat eine längere Kochzeit als Fleisch ohne Knochen. Auch wenn es schnell gehen muss, dauert der Garprozess mindestens 35 Minuten.

Die fünf Garmethoden

Poulet ganz

1 Poulet (etwa 1,2 kg)	innen und aussen abspülen, trocknen und in eine feuerfeste Form geben
1 TL Olivenöl 2 EL säurehaltige Marinade	und mischen und damit das Poulet innen und aussen einreiben, mit Klarsichtfolie zudecken und Wärme schenken (siehe dazu Seite 39)
	Poulet ungebunden mit der Bauchöffnung nach unten auf dem Gitterrost des Backofens nach hinten legen
	Feuerfeste Form reinigen und darunter stellen Backofentemperatur auf 120° C stellen, Temperaturmesser zwischen Schenkel und Brust setzen und bis zu einer Kerntemperatur von 55° C garen
	Backofen auf Grill umstellen und den Temperaturmesser entfernen Poulet um ein Viertel drehen (seitlich aufstellen) Wenn die Oberfläche die gewünschte Bräunung angenommen hat, die andere Seite ebenfalls bräunen
	Sobald der Saft klar aus der Bauchhöhle fliesst, ist das Poulet gar und wunderbar saftig

Service	Verwenden Sie für die Zerlegung keine Schere. Sie riskieren sonst Knochensplitter und somit eine Verletzungsgefahr.
	Schneiden Sie zuerst die Flügel weg: Drücken Sie diese etwas weg, um das Gelenk zu finden und den Flügel abzutrennen.
	Anschliessend drücken Sie den Pouletschenkel von der Karkasse weg, schneiden die Haut etwas ein und kugeln den Schenkel aus.
	Jetzt gilt es, am Ansatz der Pouletbrust einen kleinen Schnitt zu machen und das Brustfilet ohne Messer sorgsam von der Karkasse zu drücken.
	An der verbleibenden Karkasse ist jetzt immer noch mehr Fleisch als Sie denken. Vielleicht gestattet Ihnen die Tafelrunde, von Hand auf die Suche der feinsten Stücke zu gehen!
Hygiene	Legen Sie das Poulet nach dem Kauf in eine feuerfeste Form und verrichten Sie alle Handlungen in diesem. So wird Ihre Küche nicht mit unerwünschten Bakterien kontaminiert.
	Küchenprofis verwenden in Zusammenhang mit Geflügel Küchenpapier für die Reinigung und geben alle benutzen Gegenstände sofort in den Geschirrspühler.

Die fünf Garmethoden

Poulet Butterfly (americaine)

1 Poulet (etwa 1,2 kg)	mit kaltem Wasser abspülen und trocknen, mit einem Brotmesser (Zackenschliff) in das auf dem Rücken liegende Poulet von der Schwanzseite in die Bauchhöhle stossen und neben der Wirbelsäule herunterschneiden
	Poulet auf Brustseite drehen und mit der Messerspitze durchs Brustbein stechen
	Poulet mit der Knochenseite nach unten legen und aufklappen

Braten mit Fett durchzogen

2 EL säurehaltige Marinade	und
1 TL Rosmarinpulver	und
1 TL Paprika	und
1 TL Olivenöl	mischen und damit Poulet überall bestreichen
Poulet	mit Klarsichtfolie zudecken und Wärme schenken (siehe dazu Seite 39) Schneidebrett abwaschen, Reinigungslappen wechseln und Hände gut reinigen
500 g Kartoffeln	schälen, in mittelfeine Scheiben schneiden
300 g Karotten	schälen, in feine Scheiben schneiden und zusammen in Bouillon knapp knackig garen
	1½ Stunden vor dem Essen Poulet aufgeklappt und mit der Knochenseite nach unten auf den Backofenrost legen, Kuchenblech mit Backpapier ausgelegt zum Auffangen der Sauce darunter stellen
	Poulet bei 120° C Backofentemperatur garen, bis die Kerntemperatur auf der Innenseite der Schenkel 48° C erreicht
	Kartoffel- und Karottenscheiben auf dem Kuchenblech verteilen
1 EL Rosmarinadeln	darüber streuen und ein Kuchenblech unter das Poulet schieben Backofen ausschalten und das Grillprogramm einschalten Bei offener Backofentüre Poulet garen, bis die Kerntemperatur 63° C erreicht ist und die Farbe stimmt
	Backofen ausschalten, Türe kurz öffnen, wieder schliessen, Poulet 10 Minuten ziehen lassen

Die fünf Garmethoden

Karree-Blätz an Bärlauchsauce

1,2 kg Schweinshals	abspülen, abtrocknen, im rechten Winkel zur Person aufgestellt aufs Schneidebrett legen und mit einem grossen Messer mit 2 Schnitten 3 gleich dicke Scheiben schneiden
2 EL Bärlauch	pürieren und mit
1 TL abgeriebener Orangenschale	und
2 EL säurehaltiger Marinade	mischen und damit Fleisch allseitig bestreichen Fleisch mit Folie zudecken und Wärme schenken (siehe dazu Seite 39)
	2½ Stunden vor dem Essen Fleisch mit dem Messerrücken von gröbster Marinade befreien, die drei Fleischscheiben auf den Grill oder das Gitter im Backofen legen, Kuchenblech darunter legen und bei 120° C garen, bis die Kerntemperatur von 65° C erreicht ist
	Backofentemperatur auf 70° C reduzieren und das Fleisch bis zum Essen ziehen lassen
Sauce	
40 cl Gin	in Topf geben und aufkochen lassen
3 EL Bärlauch	pürieren und dazugeben
2 EL Kalbsfond-Instant	dazugeben
2 dl Saucenrahm	dazugeben und aufkochen lassen, mit
Salz	und
schwarzem Pfeffer	abschmecken, mit etwas
Milch	Konsistenz sicherstellen
	Fleisch quer zur Faser in dünne Scheiben schneiden und anrichten

Braten mit Fett durchzogen

85

Die fünf Garmethoden

Das will ich ausprobieren Datum

Steaks

Darunter verstehe ich zarte und mindestens 2 cm dicke Fleischstücke.

Hier geht es darum
- das Fleisch noch zarter zu machen
- das Fleisch möglichst ohne Druck mittels «vorwärmen, braten, ziehen lassen» zu garen.

Fleischsorten
- Pouletschenkel ohne Knochen
- Pouletbruststeak
- Trutensteak

Aber auch
Steaks aller Tiergattungen, Koteletts, Lamm-Nierstücke

Die Prozess-Schritte

1. Fleisch mit kaltem Wasser abspülen, mit Papier trocknen, mit säurehaltiger Marinade rundum bestreichen und ungezieferdicht verpacken.

2. Fleisch reifen – Wärme schenken
- genug Zeit   etwa 3 Tage bei 15° C
- wenig Zeit   24 Stunden bei Zimmertemperatur

3. Fleisch garen
- Fleisch ohne anzubraten etwa 4 Stunden vor dem Essen zugedeckt in den Backofen bei 40° C legen

4. Fleisch braten
- Etwa 15 Minuten vor dem Essen Steaks in der Bratpfanne oder auf dem Grill beidseitig kurz braten, bis der gewünschte Garpunkt erreicht ist. Achtung, dieser Prozess geht sehr, sehr schnell, weil ja das Fleisch im Kern bereits knapp 40° C warm ist.

5. Fleisch ruhen lassen
- Steaks bei 60° C für einige Minuten zurück in den Backofen geben und die Teller gleichzeitig vorwärmen.

6. Fleisch servieren
- Stärkebeilage und Gemüse auf ganz heisse Teller anrichten
- Mit sehr heisser Sauce einen Saucenspiegel machen
- Steaks auf Saucenspiegel legen, nicht mit Sauce zudecken
- Sofort essen.

Speziell beachten
- Marinade vor dem Anbraten nicht entfernen
- Feuchtigkeit im Backofen vermeiden
- Nicht mittels Höherstellen der Backofentemperatur anbraten.

Die Garstufen
- Bien cuit, durchgebraten entspricht dem Widerstand, wenn Sie mit dem Finger gegen Ihre Stirn drücken
- Saignant entspricht dem Widerstand, wenn Sie mit dem Finger gegen Ihre Nasenspitze drücken
- Bleu entspricht dem Widerstand, wenn Sie mit dem Finger gegen Ihre Zunge drücken.

Rohmaterial
Sie können anstelle der ausgebeinten Pouletschenkel auch eine zugeschnittene Pouletbrust nehmen. Aber der Schenkel ist wesentlich saftiger und genussvoller ... und erst noch günstiger im Preis.

Pouletschenkelsteak in Senfsauce

4 grosse Pouletschenkel	ohne Knochen halbieren und mit
1 EL säurehaltiger Marinade	fein bestreichen und Wärme schenken (siehe dazu Seite 39)
Fleisch	etwa 2 Stunden vor dem Essen zugedeckt auf einer Schale in den Backofen bei 40° C geben
	15 Minuten vor dem Essen Fleisch zuerst ganz kurz auf der Fleischseite und anschliessend intensiver auf der Hautseite goldbraun, aber nicht ganz durchbraten und nachher im Backofen bei 70° C ziehen lassen
1 dl Weisswein	in einen Topf geben
30 g Senf	beigeben
1 TL Zucker	beigeben
150 g Aprikosenkonfitüre	beigeben
½ Hühnerbouillonwürfel	beigeben und aufkochen lassen
1 EL Kalbsfond-Instant	beigeben
1,5 dl Saucenhalbrahm	beigeben und aufkochen, mit Salz und Pfeffer würzen Gewünschte Konsistenz sicherstellen

Pouletsteak mit Blumenkohl-Curry

4 grosse Pouletschenkel	ohne Knochen mit
1 EL säurehaltiger Marinade	leicht einstreichen und Wärme schenken (siehe dazu Seite 39)
1 Zwiebel	schälen, fein schneiden und in
1 EL Butter	glasig dünsten
1 Chilischote	Kerne entfernen, waschen, klein schneiden
2 TL Kurkuma	dazugeben
1 TL frischer Ingwer	reiben und dazugeben
1 TL Curry	dazugeben
2 Knoblauchzehen	gehackt
1 Msp Kardamompulver	dazugeben
½ TL Senfsamenkörner	dazugeben
½ TL Kreuzkümmel	gemahlen
	alles beigeben und kurz mitdünsten
2 dl Bouillon	beigeben
	bei etwa 80° C 10 Minuten ziehen lassen und nachher durch ein feines Sieb streichen
1 dl Kokosmilch	beigeben, kurz aufkochen lassen
30 g kalte Butter	in Stücken beigeben und mit
Salz und schwarzem Pfeffer	abschmecken
1 kg Blumenkohl	waschen, Strunk entfernen, Röslein teilen während 5 bis 10 Minuten in Salzwasser garen, in
2 EL Olivenöl	goldbraun knackig braten mit
Salz	würzen
4 Pouletschenkel	in wenig Olivenöl beidseitig ganz kurz anbraten (je Seite etwa 1 Minute) und für 5 bis 10 Minuten bei 60° C im Backofen warmstellen Sauce mit dem Schwingbesen aufschlagen Schenkelstücke quer halbieren, auf einem Saucenspiegel anrichten und servieren

Steaks

Die fünf Garmethoden

Pouletsteak provençale

4 grosse Pouletschenkel	entbeinen oder entbeint kaufen und halbieren überschüssige Haut und Fett entfernen, klein schneiden, in Bratpfanne goldbraun braten und herausnehmen
Pouletschenkelfleisch 1 EL säurehaltiger Marinade	mit bestreichen und zugedeckt Wärme schenken (siehe dazu Seite 39)
Pouletschenkelfleisch	2 Stunden vor dem Essen zugedeckt in den 40° C warmen Backofen stellen
4 Tranchen Grillspeck	geräuchert im Pouletfett goldbraun rösten, herausnehmen und in Streifen schneiden

Steaks

2 kleine Zwiebeln	in feine Ringe schneiden
2 Knoblauchzehen	fein hacken
2 kleine grüne Peperoni	in Streifen schneiden
2 kleine rote Peperoni	in Streifen schneiden und im Pouletfett knackig dünsten
1 kleine Dose Pelati	öffnen und daraus den Saft dazugeben und etwas einkochen
1 EL Herbes de Provence	dazugeben
1 EL Zucker	dazugeben
2 EL Rotweinessig	oder Aceto Balsamico dazugeben und aufkochen lassen, restliche Pelati dazugeben Bratspeck und Hautstücke dazugeben, mit
Salz und schwarzem Pfeffer	abschmecken
Pouletschenkel	zuerst auf der Fleischseite kurz und anschliessend auf der Hautseite intensiv – aber nicht ganz durchbraten
	Fleisch zum Gemüse geben und bei etwa 60° C (darf nicht kochen) während etwa 10 Minuten durchziehen lassen und servieren

Die fünf Garmethoden

Berner Trutenpäckli

4 Trutensteaks	von 2 cm Dicke und etwa 140 g
4 dl kochende Hühnerbouillon	Für 5 Sekunden in geben (Fleisch muss mit Bouillon bedeckt sein) herausnehmen und mit
1 EL säurehaltiger Marinade	bestreichen
2 Blätterteig	auf Backpapier ausrollen und halbieren
1½ Scheiben Landrauchschinken	quer auf den Teig legen, je ein Trutensteak darauf legen
1/6 Boursin Pfeffer-Frischkäse	darauf verteilen
je 1 Msp Thymianpulver	darüber geben und mit Schinken verschliessen Fleisch in den Teig einrollen, Verzierung anbringen, mit einer Gabel Luftlöcher stechen und mit Eigelb bestreichen

Vorgang bei allen Steaks wiederholen

Im Backofen bei 180° C Umluft während 35 Minuten goldbraun backen und mit Salat servieren

Steaks

Truten-Saltimbocca provençale

4 Trutensteaks	(nicht zu dünn geschnitten) à etwa 150 g in je 3 Stücke teilen, mit
1 EL säurehaltiger Marinade	einstreichen und Wärme schenken (siehe dazu Seite 39)
6 Scheiben Landrauchschinken	halbieren, auslegen, Fleisch darauflegen, mit
1 TL Zitronenpfeffer	und
½ TL Salbeipulver	bestreuen und Fleisch mit Landrauchschinken umwickeln und mit
12 Salbeiblättern	abschliessen, mit Zahnstocher befestigen
2 EL Bratbutter	in Bratpfanne erhitzen, Saltimbocca allseitig kurz anbraten, bis der Schinken Farbe annimmt, das Fleisch darf aber nicht durchgebraten sein
	Saltimbocca in den auf 70° C vorgeheizten Backofen geben und 10 Minuten ruhen lassen

Sauce

1 Scheibe Landrauchschinken	fein schneiden und bei mittlerer Temperatur in der Bratpfanne glasig werden lassen, herausnehmen
40 cl Gin	in den Topf geben, etwas einreduzieren lassen
1 TL Kalbsfond-Instant	beigeben
180 g Saucenrahm	beigeben
1 EL Herbes de Provence	beigeben
1 Prise Zucker	beigeben, mit
Salz und schwarzem Pfeffer	abschmecken
	kurz aufkochen, gewünschte Konsistenz erstellen, Landrauchschinken beigeben, Zahnstocher entfernen und servieren
Tipp	Ich verwende Landrauchschinken anstelle von normalem Rohschinken, weil Trutenfleisch etwas mehr Aroma erträgt.

Marokkanisches Pouletsteak

4 grosse Pouletschenkel	ohne Knochen, aber mit Haut, halbieren und mit
1 EL säurehaltiger Marinade	bestreichen und Wärme schenken (siehe dazu Seite 39)
1 Zwiebel	fein schneiden
2 Dosen Pelati	dazugeben
1 Msp Zucker	dazugeben
1 Hühnerbouillonwürfel	dazugeben
4 Lorbeerblätter	dazugeben und alles weich dünsten Lorbeerblätter entfernen mit dem Mixer glatt pürieren
100 g Tomatenpuree	dazugeben
100 g Erdnussbutter	darunter rühren
1 EL Olivenöl	erhitzen
Pouletschenkel	zuerst kurz auf der Fleischseite und anschliessend intensiver auf der Hautseite goldgelb braten, das Fleisch muss im Kern noch rosa sein
	Fleisch in der maximal 60° C heissen Sauce etwa 10 Minuten ziehen lassen und servieren

Die fünf Garmethoden

Trutengrillspiess mit Chutney

1 kg Trutenbraten	vom Schenkel ohne Knochen, in 2 cm grosse, gleichmässige Stücke schneiden und mit
2 EL säurehaltiger Marinade	und
1 EL Zitronensaft	gut mischen, mit Frischhaltefolie zudecken und Wärme schenken (siehe dazu Seite 39)
	4 Stunden vor dem Essen Fleischstücke auf einen Spiess stecken, mit der Hand flachdrücken, auf ein Backblech legen und mit Frischhaltefolie zugedeckt in den 40° C warmen Backofen geben
Tipp	Grillfeuer mit fein gespaltenem Holz machen, damit es gleichmässig herunterbrennt.
	Wenn die Gäste am Tisch sitzen, Fleisch auf die offene Flamme des Grillfeuers legen, öfters wenden und bis zum gewünschten Garpunkt grillieren (Achtung, es geht sehr schnell – etwa 3 Minuten –, da das Fleisch vorgewärmt ist).
	Keine weiteren Zutaten an den Spiess stecken, weil die Gardauer unterschiedlich ist.

Chutney	auf Vorrat herstellen
3 kg Zucchetti	in Stücke schneiden
1 kg Zwiebeln	in dicke Ringe schneiden
Salz	dazugeben und weich dünsten
	etwas Flüssigkeit abschöpfen
6 dl Weinessig	dazugeben
500 g Zucker	dazugeben
5 EL Senf	dazugeben und 30 Minuten köcheln lassen
5 EL Mehl	mit etwas abgeschöpfter Flüssigkeit verrühren und beigeben
3 EL Curry	beigeben
3 EL Paprikapulver edelsüss	beigeben
1 EL Cayennepfeffer	beigeben, gut mischen und 10 Minuten kochen lassen
	Sofort sehr heiss in kleinere Gläser abfüllen (300 g reichen für 4 Personen). Auf dem Kopf gestellt abkühlen lassen, das Chutney bleibt so lange haltbar.
Tipp	Nach dem Öffnen im Kühlschrank aufbewahren.
	Das Chutney können Sie kalt oder warm geniessen, mit 2 EL Saucenrahm angereichert erhält es wieder eine neue Note.

Pouletwürfel mit Steinpilzen

600 g Pouletbrust	in gleichmässig dicke, etwa 2,5 cm grosse Würfel schneiden und mit
1 EL Sojasauce	und
1 EL Maizena	mischen, Fleisch darin gut mengen und Wärme schenken (siehe dazu Seite 39)
	etwa 2 Stunden vor dem Essen Pouletfleisch zugedeckt auf einer Schale in den 40° C warmen Backofen geben
1 kleine Zwiebel	fein hacken und
400 g frische Steinpilze	in Streifen schneiden, die schönen Scheiben zur Seite legen, den Rest klein schneiden und zu den Zwiebeln geben, in
30 g Bratbutter	weich dünsten
20 cl Gin	beigeben
1 dl Weisswein	beigeben
1 EL Kalbsfond-Instant	beigeben
1,5 dl Saucenhalbrahm	beigeben
½ Hühnerbouillonwürfel	beigeben
	schöne Pilzscheiben in
2 EL Olivenöl	kurz anbraten, zur Sauce geben und mit
Salz und schwarzem Pfeffer	und
Rosmarinpulver	abschmecken
	auf gewünschte Konsistenz einreduzieren
2 EL Olivenöl	heiss werden lassen
Pouletstücke	in kleinen Portionen kurz anbraten und in das heisse, aber nicht mehr kochende Gericht geben, etwa 5 Minuten ziehen lassen und servieren

Hühnerpaprikasch ungarisch

4 grosse Pouletschenkel	ausbeinen oder ausgebeint kaufen, halbieren und mit
1 EL säurehaltiger Marinade	bestreichen und Wärme schenken (siehe dazu Seite 39)
	Die überflüssige Haut und das Fett entfernen, möglichst fein schneiden und in der Bratpfanne bei mittlerer Temperatur goldbraun rösten, Grieben herausnehmen, Öl zum Dünsten der Zwiebel verwenden
100 g Zwiebel	sehr fein hacken, andünsten und herausnehmen
1 grüne Paprikaschote	in Streifen schneiden
1 TL Paprikapulver	dazugeben
½ Hühnerbouillonwürfel	dazugeben
1 dl Wasser	dazugeben und alles knackig dünsten
2 Tomaten	klein schneiden, dazugeben und aufkochen lassen
½ TL Kalbsfond-Instant	dazugeben
2 dl Saucenrahm	dazugeben mit schwarzem Pfeffer, Paprika und Salz abschmecken gewünschte Konsistenz herstellen
Grieben	wieder beigeben
Pouletschenkel	zuerst kurz auf der Fleischseite und anschliessend intensiver auf der Hautseite anbraten, so dass das Fleisch im Zentrum noch rosa ist
	In die heisse Sauce (maximal 62° C) geben und 10 Minuten ziehen lassen

Coq au Vin jaune

8 Poulet-Oberschenkel	oder 4 Pouletschenkel ganz ausbeinen Haut entfernen, mit
1 EL säurehaltiger Marinade	fein einstreichen und bei Zimmertemperatur 2 Stunden stehen lassen
Poulethaut	möglichst fein schneiden und in der Bratpfanne ausbraten, Grieben/Hautstücke herausnehmen
100 g Speckwürfel	in der gleichen Bratpfanne goldgelb rösten, herausnehmen und Fett für das Gemüse verwenden
2 dl Hühnerbouillon	aufkochen lassen, Topf von der Platte nehmen und
½ dl kaltes Wasser	beigeben Pouletfleisch dazugeben und bei maximal 80° C während 20 Minuten ziehen lassen, Fleisch warm stellen
1 Knoblauchzehe	fein hacken
200 g Schalotten	fein hacken
2 Karotten	fein schneiden
1 kleiner Lauch	fein schneiden
250 g Champignons	in Scheiben geschnitten beigeben
2 Lorbeerblätter	beigeben
1 EL Thymianpulver	oder 4 Zweige frischen Thymian beigeben
1 Hühnerbouillonwürfel	beigeben
1 dl Hühnerbouillon vom Schenkelsud	beigeben
1 EL Kalbsfond-Instant	beigeben
3 dl Vin jaune	dazugeben und alles knapp weich dünsten

	Lorbeerblätter und Kräuterzweige entfernen, mit
schwarzem Pfeffer	und
Salz	abschmecken
	auf die gewünschte Konsistenz einkochen lassen
gerösteter Grillspeck	fein schneiden und zusammen mit den Hautteilen beigeben
	Fleisch in die Sauce geben und etwa 10 Minuten ruhen lassen
2 EL Petersilie	in die Sauce streuen und servieren
Hinweis	Im Elsass wird für den Coq au Vin trockener Weisswein verwendet. Das Ergebnis ist wunderbar!

Die fünf Garmethoden

Spanische Pouletstücke

4 grosse Pouletschenkel	ausbeinen oder 600 g ausgebeint kaufen Haut entfernen, möglichst fein schneiden, in Bratpfanne goldgelb rösten und herausnehmen
Pouletschenkel	halbieren und mit
1 EL Sojasauce	und
1 EL Maizena	und
1 EL säurehaltiger Marinade	mischen und Wärme schenken (siehe dazu Seite 39)
2 kleine Zwiebeln	fein schneiden
4 Knoblauchzehen	fein hacken und goldgelb andünsten
1 Lorbeerblatt	dazugeben
1 Chilischote	ohne Kerne klein schneiden
3 dl spanischen Rotwein	dazugeben
20 g getrocknete Steinpilze	eingeweicht (oder braune Champignons) dazugeben
1 EL Sherry-Essig	dazugeben und alles um ein Drittel einreduzieren lassen
1 EL Bienenhonig	dazugeben, Lorbeerblatt entfernen geröstete Haut wieder dazu geben
1 dl Crème fraîche	dazugeben, mit
Cayennepfeffer	und
Salz	abschmecken dickflüssige Konsistenz herstellen
1 EL Olivenöl	erhitzen
Pouletschenkelteile	kurz und in kleinen Portionen anbraten. Fleisch muss im Kern noch rosa sein
	Fleisch in der maximal 60° C heissen Sauce etwa 10 Minuten ziehen lassen
30 g geröstete Erdnüsse	darüber streuen und servieren

Vietnamesische Pouletschenkel karamelisiert

600 g Pouletschenkel	ohne Knochen, aber mit Haut, halbieren, mit
1 EL säurehaltiger Marinade	bestreichen und Wärme schenken (siehe dazu Seite 39)
100 g Schalotten	fein hacken und in
1 EL Olivenöl	gar dünsten, herausnehmen und beiseite stellen
50 g Wasser	in einen Topf geben
120 g Zucker	dazugeben, ohne Rühren bei mittlerer Hitze karamelisieren und von der Herdplatte nehmen
20 g Asia Fischsauce	dazugeben (aus dem Reformhaus)
1 TL frischer Ingwer	fein reiben, dazugeben
	Schalotten dazugeben
1 dl Hühnerbouillon	dazugeben
1 EL Olivenöl	erhitzen
Pouletschenkelstücke	zuerst kurz auf der Fleisch- und anschliessend intensiver auf der Hautseite goldgelb braten, das Fleisch muss im Kern noch rosa sein
	Fleisch in der maximal 60° C heissen Sauce etwa 10 Minuten ziehen lassen und servieren

Die fünf Garmethoden

Das will ich ausprobieren Datum

Geschnetzeltes

Darunter verstehe ich zartes, mageres, naturbelassenes Fleisch in kleinen Würfeln oder Scheiben geschnitten.

Hier geht es darum
- das Fleisch noch zarter zu machen
- das Fleisch so sanft wie möglich zu garen, ohne dass es zu stark durchgebraten ist.

Fleischsorten
Pouletgeschnetzeltes oder Würfel von Brust und Schenkel ohne Haut

Aber auch
Alle Fleischarten vom hinteren, zarten Teil der Säugetiere und Fisch

Die Prozess-Schritte

Geschnetzeltes à la minute
1. Wärme schenken (Fleisch etwa 2 Stunden vor der Zubereitung aus dem Kühlschrank nehmen)
2. Sauce zubereiten
3. Sauce aufkochen lassen und von der Kochplatte nehmen
4. Bratfett in Bratpfanne heiss werden lassen
5. Fleisch in kleinen Portionen (150 g) in Bratpfanne geben
6. Fleisch einmal wenden
7. Fleisch aus der Bratpfanne nehmen, bevor es durchgebraten ist und in die Sauce geben
8. Fleisch 5 Minuten durchziehen lassen
9. Sauce nicht mehr kochen lassen.

Die fünf Garmethoden

Geschnetzeltes Spezial (ohne anbraten)
1. Wärme schenken (Fleisch etwa 2 Stunden vor der Zubereitung aus dem Kühlschrank nehmen)
2. Sauce zubereiten (nicht zu dünn machen)
3. Sauce aufkochen (ohne anbrennen zu lassen)
4. Gewürztes, rohes Fleisch in die Sauce geben, Topf vom Herd nehmen, sofort und stetig rühren (es dürfen sich keine Fleischnester bilden)
5. Topf wieder kurz auf die heisse Herdplatte geben, die Saucentemperatur darf 62° C nicht übersteigen
6. Immer weiterrühren
7. Garprobe machen, abbrechen, bevor das Fleisch ganz durchgegart ist
8. Konsistenz der Sauce prüfen, das Fleisch nimmt aus der Sauce Flüssigkeit auf und wird schwerer
9. Wenn nötig, etwas kalte Milch dazugeben und servieren.

Geschnetzeltes im feinen Schutzmantel
1. 1 TL Sojasauce, 1 TL Maizena und 1 TL säurehaltige Marinade mischen
2. Fleisch damit gut mischen und 2 Stunden stehen lassen
3. Sauce zubereiten
4. Sauce aufkochen lassen und von der Platte nehmen
5. Bratfett in Bratpfanne heiss werden lassen
6. Fleisch in kleinen Portionen (150 g) in Bratpfanne geben
7. Fleisch klebt, mit zwei Gabeln auseinander zupfen
8. Fleisch einmal wenden
9. Fleisch aus der Bratpfanne nehmen, bevor es durchgebraten ist und in die Sauce geben, 5 Minuten durchziehen lassen, nicht mehr kochen.

Geschnetzeltes Tiefkühl-Express-Spezial (bei unverhofftem Besuch)
1. Fleisch in Schnitzelform aus dem Tiefkühler nehmen, auspacken und so lange wie möglich bei Zimmertemperatur auftauen lassen
2. Sauce zubereiten
3. Sauce aufkochen (ohne anbrennen zu lassen) und vom Herd nehmen
4. Bratfett in Bratpfanne heiss werden lassen
5. Fleischschnitzel ganz in der Bratpfanne beidseitig kurz braten (können im Zentrum noch gefroren sein)
6. Fleisch herausnehmen und auf Schneidebrett in Streifen schneiden
7. Fleisch in die heisse Sauce geben und 10 Minuten ziehen lassen
8. Sauce nicht kochen lassen.

Pouleteintopf provençale

4 grosse Pouletschenkel	ohne Knochen, Haut entfernen und ganz fein schneiden, Pouletfleisch in etwa 1,5 cm grosse Würfel schneiden und mit
1 EL säurehaltiger Marinade	und
1 EL Sojasauce	und
1 EL Maizena	mischen und Wärme schenken (siehe dazu Seite 39)
5 Scheiben Landrauchschinken	in Bratpfanne knusprig braten, herausnehmen Poulethaut in gleicher Pfanne knusprig braten und feste Bestandteile herausnehmen
1 Zwiebel	fein schneiden
4 Knoblauchzehen	fein hacken
300 g Karotten	in feine Streifen schneiden und alles im Pouletfett weich dünsten
6 schwarze Oliven	entsteinen, fein hacken und dazugeben
2 dl Rotwein	dazugeben
1 Dose Pelati (400 g)	flüssigen Teil dazugeben und alles etwas einköcheln lassen
1 Bouillonwürfel	dazugeben
2 EL Kalbsfondspulver	dazugeben
1 TL abgeriebene Zitronenschale	dazugeben
1 TL Paprikapulver	dazugeben
1 EL Herbes de Provence	dazugeben
100 g Saucenrahm	dazugeben
	festen Teil der Pelati zerkleinert dazugeben, aufkochen lassen, mit Salz und schwarzem Pfeffer abschmecken, gewünschte, dickflüssige Konsistenz herstellen
2 EL Bratfett	in Bratpfanne heiss werden lassen
Pouletfleisch	in 3 Portionen dazugeben, mit der Gabel zerpflücken, ganz kurz braten und zur nicht mehr heissen Sauce geben, 5 Minuten ziehen lassen

Die fünf Garmethoden

Pouletstückchen orientalisch

4 grosse Pouletschenkel	entbeinen oder ohne Knochen kaufen, Haut entfernen und Schenkelfleisch in etwa 1,5 cm grosse Würfel schneiden, mit
1 EL säurehaltiger Marinade	mischen und Wärme schenken (siehe dazu Seite 39)
	etwa 2 Stunden vor dem Essen Schenkelfleisch zugedeckt in einer Schale in den 40° C warmen Backofen geben
	entfernte Haut in kleine Streifen schneiden, in der Bratpfanne goldbraun braten und herausnehmen
2 Zwiebeln	in halbe Ringe schneiden und im Hautfett andünsten
2,5 dl Kokosmilch	beigeben
2 EL Bienenhonig	beigeben
2 EL scharfen Senf	beigeben
1 Orange	Saft beigeben
50 g Rosinen	beigeben
2 EL Aprikosenkonfitüre	beigeben
1 TL Kalbsfond-Instant	beigeben
2 Orangen	gründlich schälen, in Scheiben schneiden und beigeben, mit
1 Msp Zimt	und mit
Salz und schwarzem Pfeffer	abschmecken gewünschte Konsistenz erstellen
	Pouletstücke kurz anbraten und in die heisse, aber nicht mehr kochende Sauce geben Gebratene Hautwürfel darüber streuen Etwa 5 Minuten ziehen lassen und servieren

Pouletbrust mit Feigen oder Datteln

40 g Rosinen	in wenig lauwarmem Wasser einlegen
10 Feigen oder Datteln	getrocknet, in je 4 Scheiben schneiden und eine Stunde einlegen
600 g Pouletbrust	in etwa 1,5 cm grosse Würfel schneiden, mit
1 EL Sojasauce süss/dick	und
1 EL Sojasauce normal	gut mischen
50 g Speckwürfel	bei mittlerer Hitze im Topf rösten, ohne dass sie Farbe annehmen, herausnehmen
2 kleine Zwiebeln	fein schneiden und in den Topf geben
2 EL Zucker	beigeben
4 EL Essig	beigeben und zusammen aufkochen
5 dl Rotwein	dazugeben und auf ein Drittel einkochen lassen
1 TL Bratenjuspulver	dazugeben
½ dl Wasser	dazugeben
1,8 dl Saucenrahm	dazugeben
1 EL Sojasauce	dazugeben
1 EL Essig	dazugeben

Sauce aufkochen lassen
Feigen/Datteln und Rosinen dazugeben und nochmals kurz aufkochen lassen
Pouletwürfel ohne anzubraten dazugeben und den Topf sofort vom Feuer nehmen
Gut und stetig rühren
Topf nochmals kurz auf die Platte geben, weiter rühren, die Saucentemperatur darf 62° C nicht überschreiten
Das Fleisch beginnt, sich an den Rändern weiss zu verfärben
Wenn das Fleisch gar ist (4 bis 7 Minuten), sofort servieren

Die fünf Garmethoden

Pouletwürfel Südamerika

4 grosse Pouletschenkel	entbeinen oder entbeint kaufen Schenkelfleisch in etwa 1,5 cm grosse Würfel schneiden und mit
1 EL säurehaltiger Marinade	mischen und Wärme schenken (siehe dazu Seite 39)
	etwa 2 Stunden vor dem Essen Schenkelfleisch zugedeckt in einer Schale in den 40° C warmen Backofen geben
1 kleine Zwiebel	fein hacken
3 Knoblauchzehen	fein hacken, in
2 EL Olivenöl	glasig dünsten
1 dl kräftigen Rotwein	beigeben
400 g Pelati	aus der Dose, nur den flüssigen Inhalt beigeben
1 Hühnerbouillonwürfel	beigeben
1 dl Wasser	beigeben und aufkochen lassen
2 TL Sambal Olek	oder Chilischoten beigeben
200 g Feuerbohnen	aus der Dose abspülen, beigeben und kurz aufkochen lassen
1 kleine Dose Maiskörner	abspülen und zusammen mit dem festen Teil der Pelati beigeben und alles kurz aufkochen lassen, mit
Salz und schwarzem Pfeffer	abschmecken auf die gewünschte Konsistenz einreduzieren
Pouletstücke	auf der Hautseite gut anbraten und in das heisse, aber nicht mehr kochende Gericht geben
	Etwa 5 Minuten ziehen lassen und servieren

Geschnetzeltes

113

Pouletschenkel mit Äpfeln

4 grosse Pouletschenkel	entbeinen oder entbeint kaufen Schenkelfleisch in etwa 1,5 cm grosse Würfel schneiden, mit
1 EL säurehaltiger Marinade	und
1 EL Sojasauce	und
1 EL Maizena	mischen, Fleisch darin gut mengen und Wärme schenken (siehe dazu Seite 39) etwa 2 Stunden vor dem Essen Schenkelfleisch zugedeckt in einer Schale in den 40° C warmen Backofen geben
200 g Zwiebeln	klein schneiden und in
30 g Butter	glasig dünsten
1 EL Kalbsfond-Instant	beigeben
½ Hühnerbouillonwürfel	beigeben
3 dl Apfelwein (Cidre)	beigeben und auf die Hälfte einreduzieren lassen
1 EL Butter	schmelzen
1 EL Zucker	beigeben und schmelzen lassen
4 säuerliche Äpfel	schälen, entkernen, in Schnitze schneiden und beigeben
20 g grünen, eingelegten Pfeffer	heiss abspülen
4 Blätter Salbei	klein schneiden und beigeben alles während 5 Minuten köcheln lassen einreduzierten Apfelwein und Zwiebeln und
1 Msp Zimt	beigeben gewünschte Konsistenz herstellen, mit
Salz und schwarzem Pfeffer	abschmecken
Pouletstücke	auf Hautseite gut anbraten und in das heisse, aber nicht mehr kochende Gericht geben
	Etwa 5 Minuten ziehen lassen und servieren

Geschnetzeltes

Die fünf Garmethoden

Bözberger Minifilets an Pilz-Rahmsauce

600 g Minifilets	in 1 cm dicke Würfel schneiden
1 EL säurehaltige Marinade	und
½ TL Sojasauce	dazugeben
1 TL Maisstärke	dazugeben, mischen und Wärme schenken (siehe dazu Seite 39)
½ Schalotte	ganz fein hacken und mit
1 Prise Salz	weich dünsten
250 g Champignons	in Scheiben schneiden und dazugeben
40 cl Cognac	dazugeben
½ Hühnerbouillonwürfel	dazugeben
1 EL Kalbsfond-Instant	dazugeben
2 dl Saucenrahm	dazugeben und aufkochen lassen, mit
Salz und schwarzem Pfeffer	und
wenig Zitronensaft	abschmecken Konsistenz sicherstellen

Fleischwürfel in drei Portionen in wenig Öl extrem kurz anbraten und in der heissen, aber nicht mehr kochenden Sauce während etwa 5 Minuten ziehen lassen.

Tipp Das Minifilet ist ein loser, sehr zarter Muskel am Brustfilet. Sie können aber auch vom Brustfilet Streifen schneiden und so zubereiten.

Geschnetzeltes

Minifilets fritiert

etwa 300 g Minifilets	(etwa 8 Stück) grössere Filets der Länge nach halbieren
½ EL säurehaltige Marinade	und
1 TL Sojasauce	und
1 TL Maisstärke	(Maizena oder Fécule) und
1 Msp Zitronenpfeffer	mischen, Fleisch dazugeben und bei Zimmertemperatur etwa 1 Stunde stehen lassen
1 Ei	verklopfen
1 EL Mehl	dazugeben
1 Msp Trockenbouillon	dazugeben
½ TL Kalbsfond-Instant	dazugeben, mit
Salz und schwarzer Pfeffer	und
Streuwürze	(oder Prise Zucker) abschmecken, vermischen
Minifilets	dazugeben und gut mischen In der Friteuse bei 180° C während 1 Minute fritieren, auf Küchenpapier legen und im Backofen bei 60° C ziehen lassen
100 g Sauerrahm	oder Blanc battu
1 EL Kechtup	und
2 EL Schnittlauch	und
1 Msp Zitronensaft	alles mischen, mit
Salz und Zitronenpfeffer	abschmecken und dazu servieren
Tipp	Wenn Sie diese Vorspeise als Hauptgang servieren möchten, verdoppeln Sie die Zutaten.

Geschnetzeltes

Die fünf Garmethoden

Minifilets als Salatbeigabe

etwa 300 g Minifilets	(etwa 8 Stück) grössere Filets der Länge nach halbieren
½ EL säurehaltige Marinade	und
½ TL Sojasauce	und
1 Msp Zitronenpfeffer	und
1 Msp Streuwürze	mischen, Fleisch dazugeben und Wärme schenken (siehe dazu Seite 39)
30 g frische Tafelbutter	in eine Teflonpfanne geben und auf 90° C erwärmen (Butter darf nicht braun werden)
	Minifilets dazugeben und bei kleinster Hitze beidseitig je 1,5 Minuten in der Pfanne wenden
	Minifilets herausnehmen
2 EL Aceto Balsamico schwarzem Pfeffer Salz oder Streuwürze	zu den Butterresten geben, mit und abschmecken und als Salatsauce verwenden
Minifilets	über den Salat geben und mit je 2 Tropfen Aceto Balsamico beträufeln

Minifilets an Kräuter-Käse-Rahmsauce

600 g Minifilets	in 1 cm dicke Würfel schneiden
1 EL säurehaltige Marinade	und
½ TL Sojasauce	dazugeben
1 TL Maisstärke	dazugeben, mischen und Wärme schenken (siehe dazu Seite 39)
4 dl Milch	erwärmen
1 Hühnerbouillonwürfel	dazugeben
90 g Knoblauch-Frischkäse	dazugeben
90 g Mascarpone	dazugeben
½ TL Kalbsfond-Instant	dazugeben, mit
Salz und schwarzem Pfeffer	abschmecken
10 g Herbes de Provence	dazugeben
1 TL Maizena express	dazugeben
½ Zitrone	Saft und abgeriebene Schale dazugeben alles aufkochen lassen und auf die gewünschte Konsistenz bringen
unmittelbar vor dem Essen	Sauce aufkochen (nicht anbrennen lassen)
	Topf von der Herdplatte nehmen, Minifilets ohne anzubraten dazugeben, sofort sehr gut rühren. Topf dazwischen kurz auf die Herdplatte geben – Temperatur darf 62° C nicht übersteigen
	Garprozess abbrechen, bevor die Filets hart sind (Dauer etwa 5 Minuten)
Tipp	Sollte die Sauce etwas zu dickflüssig geworden sein, kann sie am Schluss mit etwas Milch verdünnt werden.
	Die Sauce nicht über 62° C erhitzen.

Sweet and Sour Chicken

600 g Pouletbrust	oder Pouletschenkel ohne Knochen in etwa 1,5 cm grosse Würfel schneiden und mit
1 EL säurehaltiger Marinade	und
1 EL Maizena	und
1 EL Sojasauce	gut mischen, mit Folie zudecken und Wärme schenken (siehe dazu Seite 39)
2 Frühlingszwiebeln	in Ringe schneiden
½ Peperoni rot	und
½ Peperoni gelb	in Streifen schneiden und
1 EL Öl	kurz andünsten und nachher herausnehmen
3 dl Hühnerbouillon	und
1 EL Sojasauce	und
1 EL Honig oder Zucker	und
3 EL Ketchup	in Topf geben und aufkochen lassen
1 kleine Dose Ananas	Früchte vierteln und beigeben
3 EL Ananassaft	beigeben
½ TL Maizena	mit wenig Wasser auflösen, beigeben, aufkochen lassen und die gewünschte Konsistenz herstellen Gemüse beigeben
1 EL Öl	in Bratpfanne heiss werden lassen
Pouletsstücke	in drei Portionen kurz anbraten, mit der Gabel zerpflücken (Fleisch klebt aneinander) und in die heisse, aber nicht mehr kochende Sauce geben
	Während etwa 5 Minuten ziehen lassen

Geschnetzeltes

Die fünf Garmethoden

Minifilets à l'Orange

16 Minifilets	(Innenfilets von der Pouletbrust, etwa 600 g) mit
1 EL mit säurehaltiger Marinade	fein einstreichen und Wärme schenken (siehe dazu Seite 39)
1 Zwiebel	fein schneiden
1 Schale einer Orange	in dünne Streifen schneiden, in
20 g Butter	weich dünsten
4 Wachholderbeeren	zerdrücken und beigeben
2 dl Rotwein	beigeben
¼ Bouillonwürfel	beigeben
1 dl Orangensaft	beigeben und um ein Viertel einkochen lassen
1 EL Kalbsfond-Instant	beigeben
50 g Saucenhalbrahm	oder Rahm beigeben dickflüssige Konsistenz erstellen und mit
Salz und schwarzem Pfeffer	abschmecken
Minifilets	in
1 EL Olivenöl	während maximal 2 Minuten braten und vor dem Servieren während 5 Minuten in heisser, nicht kochender Sauce ziehen lassen

Rotweingeschnetzeltes de Luxe

4 grosse Pouletschenkel	ausbeinen oder ausgebeint kaufen
	Haut entfernen, klein schneiden, in der Bratpfanne goldbraun braten und herausnehmen
	Pouletfleisch in etwa 2,5 cm grosse Würfel schneiden und mit
1 EL säurehaltiger Marinade	und
1 EL Sojasauce	und
1 EL Maizena	mischen und Wärme schenken
	(siehe dazu Seite 39)
200 g Zwiebeln	in dünne Scheiben schneiden und im Öl vom Hautfett dünsten
7,5 dl Rotwein	dazugeben, auf 2 dl einköcheln und anschliessend kalt stellen
5 dl Wasser	in Saucenpfanne geben und
2 EL Zucker	dazugeben, erhitzen, bis Karamell entsteht und reduzierten Wein dazugeben
3 EL Balsamico di Modena	dazugeben
20 g Glace de viande	oder einen Bratensaucenwürfel dazugeben, mit
Salz und schwarzem Pfeffer	würzen
1 dl Saucenhalbrahm	dazugeben und
	auf die gewünschte (dickflüssige) Konsistenz einköcheln
2 EL Bratbutter	erhitzen und
Pouletschenkelfleisch	in kleinen Portionen ganz kurz anbraten und in die heisse, aber nicht mehr kochende Sauce geben
	5 Minuten bei maximal 60° C ziehen lassen
	Polethaut dazugeben und servieren

Die fünf Garmethoden

Poulet-Geschnetzeltes mit Curry

600 g Pouletgeschnetzeltes	frisch
1 EL säurehaltige Marinade	und
1 EL Sojasauce	mit
1 EL Maizena	mischen
	Fleisch darin gut wenden und etwa 1 Stunde bei Zimmertemperatur stehen lassen
1 EL Bratbutter	erhitzen
5 EL Cashwenüsse	darin kurz rösten und herausnehmen
100 g Zwiebeln	fein hacken
3 Knoblauchzehen	fein hacken
1 TL Korianderpulver	dazugeben
15 g frische Ingwerwurzel	fein reiben (oder 1 TL Ingwerpulver) und alles andünsten
30 g Madras-Currypulver mild	dazugeben
1 Msp Chilipulver	dazugeben
1 Dose Pelati (400g)	öffnen, den flüssigen Teil dazugeben und alles etwas einköcheln lassen
	klein geschnittenen festen Teil der Pelati dazugeben
1 TL Garam Masala	dazugeben
180 g Joghurt nature	dazugeben und gut vermischen
	alles kurz aufkochen lassen, mit
Salz und schwarzem Pfeffer	abschmecken
2 EL Bratbutter	erhitzen
Pouletgeschnetzeltes	in kleinen Portionen (200 g) kurz anbraten, zur Sauce geben und 5 Minuten ziehen lassen Sauce nicht mehr kochen (maximale Temperatur 60° C)
	Mit etwas Petersilie und den Cashwenüssen dekorieren und auf heissen Tellern servieren

Geschnetzeltes

Das will ich ausprobieren Datum

Die fünf Garmethoden

Saucenfleisch und Füllungen

Darunter verstehe ich Fleisch mit Sehnen und Bindegewebe vom Vorderviertel und Trutenschenkel zum Schmoren und Sieden.

Hier geht es darum
Fleisch so sanft als möglich zu garen, damit das Bindegewebe geliert.

Fleischsorten
- Suppenhuhn
- Trutenragout

Aber auch
Siedfleisch, Schmorbraten, Sauerbraten, Kalbshaxen, Ragout

Die Prozess-Schritte
1. Grosses Fleischstück (ein ganzer Muskel, entsprechend der Topfgrösse) mindestens 2 Tage vor dem Essen einkaufen
2. 48 Stunden vor dem Essen Fleisch mit kaltem Wasser abspülen
3. Benötigte Bouillonmenge aufkochen lassen (Fleischstück muss später im Topf Platz haben und mit Bouillon vollständig bedeckt sein)
4. Topf von der Herdplatte nehmen
5. 2 dl kaltes Wasser dazugeben
6. Fleischstück dazugeben
7. Topf wieder auf die Herdplatte geben. Achtung: Die Bouillontemperatur darf 80° C nicht übersteigen
8. Backofen auf 130° C vorheizen
9. Während etwa 30 Minuten die Temperatur überwachen, nachher Topf mit Deckel verschliessen und in den Backofen geben
10. Backofentemperatur auf 75° C reduzieren

11. Garen, bis die Nadelprobe stimmt (Stricknadel muss ohne Widerstand durch das Fleisch gehen). Die Gardauer richtet sich nach der Tierart, der Muskelgrösse und der Leistung des Backofens. Rechnen Sie bei einem Rindsschulterspitz mit etwa 24 Stunden
12. Fleisch vorsichtig aus dem Topf nehmen, in einen Beutel legen, so vor dem Austrocknen schützen und herunter kühlen
13. Anderntags ganzes Fleischstück aufschneiden
14. Nicht benötigte Fleischscheiben für die Vorratshaltung im Tiefkühler auf Becher aufteilen und mit kalter Bouillon zudecken, geschlossenes Geschirr beschriften und in den Tiefkühler geben
15. Fleisch für das Gericht schuppenartig in eine feuerfeste Form legen, mit Bouillon knapp zudecken und während 75 Minuten bei 75° C wärmen
16. Gemüse separat garen.

Speziell beachten
- Bouillontemperatur darf 80° C nie übersteigen
- Kaufen Sie ein möglichst grosses, Ihren Töpfen entsprechendes Stück Fleisch ein
- Die Aufwärmtemperatur darf nie höher als die Gartemperatur sein (75° C).

Trutenragout spezial

600 g Trutenragout	vom Oberschenkel, von Hautresten befreien
	Backofen auf 130° C vorheizen
1 l Hühnerbouillon	zum Kochen bringen und von der Herdplatte nehmen
1 dl kaltes Wasser	dazugeben
Trutenragout	dazugeben und rühren
	Bouillontemperatur während 20 Minuten überwachen, sie sollte zwischen 70 und maximal 80° C sein
	Topf mit Deckel schliessen und in den Backofen stellen
	Backofentemperatur auf 75° C reduzieren
	Nach etwa 6 Stunden Garprobe machen
	Zwei Drittel der Bouillon in einen anderen Topf giessen, auf die Hälfte einkochen lassen und als Suppe servieren

Sauce

2 dl Hühnerbouillon	in einen kleinen Topf geben
2 EL Kalbsfond-Instant	dazugeben
½ Bratensaucewürfel	dazugeben
1 dl Saucenrahm	dazugeben, mit
Salz und schwarzem Pfeffer	würzen
	Konsistenz prüfen
	Fleisch in die Sauce geben, mit etwas Schnittlauch verfeinern und servieren

Tipp Dieses Gericht können Sie auch in doppelter Menge zubereiten. Die andere Hälfte auskühlen lassen und mit Bouillon oder mit Sauce zugedeckt im Tiefkühler zwischenlagern.

Saucenfleisch und Füllungen

Die fünf Garmethoden

Suppenhuhn

2 Suppenhühner	à etwa 1,3 kg, kalt abspülen
	Backofen auf 130° C vorheizen
2,5 l Wasser	und
2 Hühnerbouillonwürfel	und
25 g Salz	dazugeben, aufkochen lassen und vom Herd nehmen
1 Tasse kaltes Wasser	beigeben, Suppenhühner in den Topf geben Topf wieder auf den Herd stellen und während 30 Minuten Bouillontemperatur kontrollieren: Sie darf 80° C nicht übersteigen
	Die Suppenhühner müssen von der Bouillon vollständig bedeckt sein. Den Topf mit einem Deckel verschliessen und in den Backofen stellen, Backofentemperatur auf 80° C reduzieren
	Nach 12 Stunden die Nadelprobe machen (die Stricknadel muss ohne Widerstand durchs Fleisch gehen) und kontrollieren, ob die Haut gar ist Suppenhühner etwas auskühlen lassen und anschliessend zerlegen
	Eine grosse Portion Suppengemüse waschen, klein schneiden und in der Hühnersuppe knackig garen
	Schöne Fleischstücke (Brust und Schenkel) zusammen mit einem Teil des Suppengemüses servieren

Da am Rumpf der Suppenhühner erstaunlich viel Fleisch hängen bleibt, löse ich dieses ab und schneide die Haut klein.

Aus der Hühnersuppe mache ich eine starke Sülze. Ich gebe das Fleisch, vermischt mit etwas gegartem Suppengemüse, in eine Cakeform, giesse die Sulzflüsigkeit dazu und beschwere den Inhalt, damit er etwas gepresst wird und unten bleibt.

So bekomme ich eine währschafte Suppe, eine interessante Vorspeise und ein günstiges und wirklich gutes Hauptgericht.

Im Gegensatz zu Siedfleisch gare ich ein Trutenschenkel und ein Suppenhuhn mit einer um 5° C höheren Temperatur. Das Bindegewebe der Haut ist **längs- und quervernetzt** und verlangt deshalb nach einer höheren Gartemperatur.

Hinweis	Die Suppenhühner immer einen Tag vor dem Essen zubereiten.

Die fünf Garmethoden

Trutenschenkel ganz mit Bein

Dieses Rezept ist ausnahmsweise für etwa 6 Personen.

1 Trutenschenkel mit Bein	von etwa 2,5 kg Stellen Sie vorher sicher, dass Sie einen Topf von genügender Grösse haben (Grösse des Fleischstückes etwa 50 x 35 cm)

Backofen auf 130° C aufheizen

Kochen Sie genügend Hühnerbouillon – das Fleisch muss im Topf vollständig bedeckt sein – und bringen Sie diese zum Kochen

2 dl kaltes Wasser — Nehmen Sie den Topf vom Herd und geben Sie dazu

Legen Sie den Trutenschenkel ganz hinein (Fleisch muss mit Bouillon bedeckt sein) und stellen Sie den Topf wieder auf die Herdplatte
Sorgen Sie die nächsten 20 Minuten dafür, dass die Temperatur 85° C nicht übersteigt

Geben Sie den mit dem Deckel verschlossenen Topf in den Backofen und reduzieren Sie die Temperatur auf 80° C

Machen Sie in der Zwischenzeit eine Marinade aus
1 EL Honig und
1 EL säurehaltiger Marinade und
1 TL scharfem Senf

Der Korken auf dem obigen Bild dient als Grössenvergleich

Saucenfleisch und Füllungen

- Machen Sie nach etwa 7 Stunden die Garprobe mit der Stricknadel
- Wenn der Schenkel gar ist, nehmen Sie den Topf aus dem Backofen und schalten den Backofen auf das Grillprogramm
- Bestreichen Sie den Trutenschenkel rundum mit der Marinade, geben Sie ihn auf den Gitterrost des Backofens und stellen Sie ein Ofenblech darunter
- Lassen Sie in der Zwischenzeit die Bouillon auf die Hälfte einkochen und servieren Sie diese mit etwas Schnittlauch als Vorspeise
- Verwenden Sie die andere Hälfte der Bouillon, um ein in mittlere Stücke geschnittenes Gemüsepotpourri knackig zu garen.

	Ich serviere dieses Gemüse mit Salzkartoffeln
	und einer kleinen Sauce, indem ich
2 dl Hühnerbouillon	und
2 EL Kalbsfond-Instant	kurz aufkoche und
1,5 dl Saucenrahm	dazugebe, mit
Salz und schwarzem Pfeffer	abschmecke und
3 EL frische Kräuter	(Bärlauch oder Schnittlauch) dazugebe

- Legen Sie zum Aufschneiden ein Schneidebrett in ein grosses Kuchenblech, damit der auslaufende Saft nicht verloren geht
- Starten Sie das Aufschneiden mit dem Oberschenkel, indem Sie dem Knochen entlang ein Stück wegschneiden und dieses gegen die Muskelfaser aufschneiden
- Die Sehnen des Unterschenkels sind beim Truthahn knochenartig. Unterteilen Sie den Schenkel für den zweiten Service deshalb in der Längsrichtung.

Tipp
- Dieses Gericht wird Sie bezüglich Feinheit und Saftigkeit erstaunen. Zugegeben, der Aufwand ist nicht klein, die Überraschung bei Ihren Gästen aber umso grösser
- Im Gegensatz zu Siedfleisch gare ich einen Trutenschenkel und ein Suppenhuhn mit einer um 5° C höheren Temperatur. Das Bindegewebe der Haut ist **längs- und quervernetzt** und verlangt deshalb nach einer höheren Gartemperatur.

Die fünf Garmethoden

Thailändische Geflügelsuppe

200 g Pouletbrust	ohne Haut in gleichmässig feine Streifen schneiden, mit
½ EL säurehaltiger Marinade	gut vermengen und 1 Stunde ungekühlt stehen lassen
1 EL Olivenöl	erhitzen
50 g Frühlingszwiebeln	in feine Ringe schneiden und dazugeben
1 TL geriebenen Ingwer	dazugeben
1 rote Chilischote	aufschneiden, Kerne entfernen, klein schneiden, dazugeben und alles kurz andünsten
1 EL Asia Fischsuppe	(aus dem Reformhaus) dazugeben
4 dl Kokosnussmilch	dazugeben
2 dl Hühnerbouillon	dazugeben
1 TL Maizena	mit etwas Milch anrühren, dazugeben und aufkochen lassen
1 TL Zitronensaft	dazugeben
	Suppe zum Kochen bringen
	Topf vom Herd nehmen und Fleisch sofort dazugeben, sehr gut und stetig rühren
	Nach 2 Minuten
4 EL Saucenrahm	dazugeben und servieren

Saucenfleisch und Füllungen

Das will ich ausprobieren　　　　　　　　　　　　　Datum

Die fünf Garmethoden

Poulet-Lasagne

500 g Pouletschenkel	ohne Knochen
	Haut entfernen und ganz fein schneiden
	Pouletfleisch in möglichst feine Scheiben schneiden und mit
1 EL säurehaltiger Marinade	und
1 EL Sojasauce	und
1 EL Maizena	mischen und etwa 2 Stunden bei Zimmertemperatur stehen lassen
3 Scheiben Landrauchschinken	in der Bratpfanne knusprig braten und herausnehmen
	Poulethaut in gleicher Pfanne knusprig braten und feste Bestandteile herausnehmen
1 Zwiebel	fein schneiden
2 Knoblauchzehen	fein hacken
200 g Karotten	in kleine Würfel schneiden und alles im Pouletfett weich dünsten
6 schwarze Oliven	entsteinen, fein hacken und dazugeben
1,5 dl Rotwein	dazugeben
1 Dose Pelati (400 g)	flüssigen Teil dazugeben und alles etwas einköcheln lassen
1 Bouillonwürfel	dazugeben
2 EL Rahmsaucenpulver	dazugeben
2 EL Herbes de Provence	dazugeben
250 g Saucenrahm	dazugeben
	Fester Teil der Pelati zerkleinert dazugeben, aufkochen lassen, mit
Salz	und
schwarzem Pfeffer	abschmecken
	Gewünschte, dickflüssige Konsistenz herstellen

Saucenfleisch und Füllungen

3 EL Butter	flüssig machen
3 EL Mehl	beigeben, dünsten, ohne dass das Mehl Farbe annimmt, Topf von der Platte nehmen und
6 dl kalte Milch	dazugeben, rühren und aufkochen lassen
½ TL Salz	und
Pfeffer	beigeben und die Sauce etwa 15 Minuten köcheln lassen, bis sie sämig ist
2 EL Bratfett	in der Bratpfanne heiss werden lassen
Pouletfleisch	in drei Portionen dazugeben, mit Gabel zerpflücken, ganz kurz braten und zur maximal 62° C warmen Sauce geben
16 Lasagneblätter	und Saucen lagenweise einschichten alle Blätter müssen mit Sauce bedeckt sein
100 g Parmesan gerieben	darüber streuen und im Ofen bei 160° C 20 Minuten backen Temperatur auf 190° C erhöhen und 10 Minuten überbacken

Chinesische scharf-saure Suppe

2 Pouletschenkel	ausbeinen
	Haut entfernen, in möglichst feine Stücke schneiden, in der Pfanne goldgelb braten und festen Teil (Grieben) herausnehmen
	Pouletschenkel in etwa 1 cm grosse Würfel schneiden und mit
½ EL säurehaltiger Marinade	und
1 EL Sojasauce	und
1 EL Maizena	gut mischen und 1 Stunde in der Küche stehen lassen

2 Hühnerbouillonwürfel	in
8 dl Wasser	auflösen
2 EL getrocknete Judasohren	in warmem Wasser gut einweichen, klein schneiden und dazugeben
1 Dose Bambussprossen	abspülen, fein schneiden und dazugeben
1 TL Ingwerwurzel	fein reiben und dazugeben
60 g Langkornreis	dazugeben und knapp weich garen, mit
Cayennepfeffer	und
Salz	und
schwarzem Pfeffer	abschmecken
1 EL Essig	dazugeben
2 EL Sesamöl	dazugeben
1 Ei	aufschlagen und in die Suppe geben
Pouletwürfel	im Pouletfett ganz kurz anbraten, in einzelne Stücke zerpflücken und in die Suppe geben, bevor sie ganz gar sind
	5 Minuten bei maximal 60° C ziehen lassen
	Grieben wieder dazugeben
2 Frühlingszwiebeln	in feine Röllchen schneiden und dazugeben
Tipp	Anstelle der Judasohren können frische Shiitake-Pilze verwendet werden, die in wenig Butter gebraten, gewürzt und am Schluss in die Suppe gegeben werden.

Die fünf Garmethoden

Trutenhackbraten spezial

800 g Trutenbrust	auf die Länge einer Cakeform zuschneiden, so dass eine Rolle von etwa 5 cm Durchmesser und 300 g entsteht. Rolle mit
1½ EL säurehaltiger Marinade	einstreichen und zugedeckt bei Zimmertemperatur 2 Stunden stehen lassen
	Restliche Fleischabschnitte klein schneiden, auf Metallgeschirr flach verteilen und zusammen mit
4 dl Rahm	für 2 Stunden separat in den Tiefkühler legen
4 Scheiben Landrauchschinken	schuppenartig auslegen, Trutenbrustrolle darauf legen, mit
1 TL Zitronenpfeffer	bestreuen und in den Schinken einrollen, mit einem Faden fixieren
1 EL Bratbutter	in der Bratpfanne heiss werden lassen und die Trutenrolle kurz anbraten, bis der Schinken etwas Farbe annimmt
150 g Karotten	fein schneiden und in
1 EL Wasser	und
1 Prise Zucker	knackig dämpfen
150 g Lauch	fein schneiden
8 schwarze Oliven	entsteinen und klein schneiden
100 g getrocknete, in Öl eingelegte Tomaten	fein schneiden und mit
2 EL Wasser	knackig dünsten
150 g Maiskörner	aus der Dose dazugeben alles gut vermischen

Saucenfleisch und Füllungen

143

Fleischabschnitte	aus dem Tiefkühler direkt in den Cutter geben und zerkleinern
Rahm	dazugeben
1 TL Salz	dazugeben, mit
Pfeffer	würzen
	Cutter laufen lassen, bis eine glänzende, homogene Brätmasse entsteht (je nach Cutterleistung in zwei Portionen machen)
	Faden um die Trutenrolle entfernen, Rolle sorgfältig mit Brät einstreichen, restliches Brät sehr, sehr gut mit dem Gemüse vermischen
	Cakeform mit
1 TL Öl	überall einfetten und ein Viertel der Brätmasse am Boden gut verstreichen
	Trutenrolle in die Mitte legen und mit restlicher Brätmasse auffüllen, Luftlöcher vermeiden, Cakeform mehrmals auf Tisch klopfen
	Cake bei 90° C in den Backofen geben, bis die Kerntemperatur von 61° C erreicht ist. Backofentemperatur auf 60° C reduzieren und noch etwa 15 Minuten ruhen lassen.
Tipp	Wenn Sie die Mengen um die Hälfte erhöhen, können Sie mit wenig Mehraufwand einen kleineren zweiten Cake zubereiten, im ausgekühlten Zustand in Alufolie tiefkühlen. So erhalten Sie eine wunderbare Vorspeise oder einen Apéro für einen anderen Anlass.

Truthahnfüllung

Hautreste und Fett vom Truthahn	oder Poulet möglichst klein schneiden, goldbraun braten und aus der Bratpfanne nehmen
100 g Geflügelleber	(Gallengänge entfernt) kurz anbraten, herausnehmen und klein schneiden
1 kleine Zwiebel	fein hacken und im Fett von den Hautresten glasig dünsten
2 dl Milch	erwärmen
1 Hühnerbouillonwürfel	dazugeben
300 g getrocknetes Brot	ohne Rinde klein schneiden und
200 g gekochte Marroni	zerdrücken und dazugeben
1 TL getrocknete Petersilie	und
3 EL Schnittlauch	und
1 TL getrockneten Salbei	dazugeben
2 Eier	verklopfen und dazugeben
1 Msp Zucker	dazugeben
	geröstete Hautreste dazugeben und alles gut mischen, mit
Salz und schwarzem Pfeffer	und
Muskat	abschmecken und abkühlen lassen

Feuerfeste Cakeform gut einölen, Teigmasse möglichst ohne Luftblasen einfüllen (Form mehrmals hart auf den Tisch schlagen), Oberfläche flach streichen und mit etwas Kaffeerahm oder Rahm befeuchten.

Im Backofen bei 90° C garen, bis die Kerntemperatur von 61° C erreicht ist. Mindestens 15 Minuten bei 60° C ruhen lassen und mit dem warmen Fleisch servieren.

Tipp Es ist viel besser und vernünftiger, die Füllung separat zu garen statt ein Federvieh zu füllen..

Die fünf Garmethoden

Pouletbrust-Roulade

4 grosse Pouletbrüste (600 g)	möglichst dünn blind (von der Seite her flach) aufschneiden, in einen Plastikbeutel legen und mit Bratpfanne flach klopfen, bis sie sehr dünn sind, flach auslegen und mit
1 EL säurehaltiger Marinade	einseitig bestreichen
16 Blätter frischen Basilikum	darauf legen
150 g Frischrahmkäse	(Pfeffer-Boursin) gleichmässig über den Basilikum verteilen
1 Msp Zitronenpfeffer	darüber geben
	Pouletschnitzel einrollen, die Enden einklappen mit
säurehaltiger Marinade	fein bestreichen und mit Folie bedeckt bei Zimmertemperatur etwa 2 Stunden stehen lassen
	Im Backofen bei 75° C garen, bis die Kerntemperatur von 50° C erreicht ist und herausnehmen
	Backofen auf Grillprogramm schalten
2 EL geriebener Parmesan	über die Rouladen streuen und im Backofen gratinieren, bis der Käse geschmolzen ist
Pouletrollen	kurz an der Wärme stehen lassen, nachher schräg aufschneiden und auf heissen Tellern servieren

Saucenfleisch und Füllungen

Poulet-Leberpain

1 EL Bratbutter	erhitzen
1 Knoblauchzehe	fein hacken und andünsten
250 g Pouletleber	in Stücke schneiden, dazugeben und kurz schmoren
20 cl Cognac	darüber geben und flambieren
	Pouletleber pürieren oder durch ein Sieb streichen
2 EL Estragonblätter	klein schneiden und in Bratenfond geben
½ Bouillonwürfel	beigeben
2,5 dl Weisswein	dazugeben und auf ein Viertel einreduzieren
½ EL Zitronensaft	beigeben
250 g Frischrahmkäse	zur Leber und zum Estragon geben und gut vermengen
½ Msp Muskat	beigeben, mit
schwarzem Pfeffer	und
Salz	abschmecken

Eine Cakeform mit Klarsichtfolie auslegen und die Masse ohne Lufteinschlüsse einfüllen, im Kühlschrank 2 Stunden kalt stellen

Ist im Kühlschrank zugedeckt 4 Tage haltbar

Pouletcake an Käsesauce

300 g Pouletbrust	in gleichmässig dicke und etwa 2 cm grosse Würfel schneiden und mit
1 EL säurehaltiger Marinade	mischen und etwa 3 Stunden zugedeckt bei Zimmertemperatur stehen lassen
300 g Pouletbrüste	in kleine Stücke schneiden und möglichst flachgelegt für 2 Stunden in den Tiefkühler stellen
1,5 dl Rahm	für 2 Stunden in den Tiefkühler stellen
1 kleine Zwiebel	fein hacken
100 g Lauch	fein schneiden
70 g getrocknete, in Öl eingelegte Tomaten	klein schneiden
30 g schwarze Oliven	klein schneiden
1 EL Olivenöl	dazugeben
100 g Karotten	klein schneiden, dazugeben und alles weich dünsten
1 EL Kalbsfond-Instant	beigeben
20 cl Gin	dazugeben und kurz aufkochen lassen
1 EL getrockneten Schnittlauch	dazugeben und alles gut auskühlen lassen
	Pouletfleisch aus dem Tiefkühler direkt in den Cutter geben und ohne Flüssigkeit zerkleinern
10 g Salz	beigeben
Rahm	aus dem Tiefkühler zum Fleisch geben und mit dem Cutter mischen, bis die Masse glänzt Achtung: Den Prozess abbrechen, bevor die Temperatur der Masse 14° C übersteigt

Brätmasse	mit der Gemüsemasse und den marinierten Pouletstücken mischen und in eine gut eingefettete Cakeform füllen
	Im Backofen bei 90° C garen, bis die Kerntemperatur von 63° C erreicht ist
	15 Minuten im Backofen ruhen lassen
Tipp	Profis machen die 1½-fache Menge, womit gleichzeitig eine wunderbare Vorspeise entsteht, die im Tiefkühler aufbewahrt wird.

Rinds-Sauerbraten

2 kg Rindsbraten	(Schulterspitz, Schulterfilet oder runder Mocken) frühzeitig kaufen, Beize zubereiten
1,5 dl Rotweinessig	und
2,5 dl Rotwein	mischen
10 schwarze Pfefferkörner	und
3 Nelken	und
2 Lorbeerblätter	und
2 Knoblauchzehen	mit dem Mörser zerdrücken, dazugeben und
1 Bouillonwürfel	in wenig Wasser auflösen und dazugeben

Fleisch in die Beize legen, es muss vollständig von ihr bedeckt sein, mit einem Deckel oder Klarsichtfolie zudecken und an einem kühlen Ort (etwa 15° C) 3 Tage aufbewahren

Backofen auf 130° C vorheizen
Fleisch aus der Beize nehmen, Flüssigkeit in einen Topf geben und zum Kochen bringen. Jetzt gerinnt der ausgelaufene Fleischsaft (es ist Eiweiss), den dicken Teil entfernen

	In einem dem Fleischstück angepassten Topf soviel Bouillon herstellen, dass das Fleischstück nachher bedeckt ist, und zum Kochen bringen
2 dl kaltes Wasser	Topf von der Platte nehmen und das kalte Wasser beigeben, damit die Temperatur auf etwa 90° C sinkt
Sauerbraten	in den Topf geben, diesen schliessen und wieder auf die Herdplatte stellen

Die Temperatur der Bouillon sinkt wegen dem kalten Fleisch und sollte jetzt zwischen 70 und maximal 80° C betragen. Temperatur während 20 Minuten überwachen

Saucenfleisch und Füllungen

	Den mit dem Deckel verschlossenen Topf in den Backofen geben, Temperatur auf 75° C reduzieren und während 18 bis 24 Stunden garen lassen
	Die Bouillontemperatur sollte etwa 70° C sein
	Bei höheren Temperaturen geht der Garprozess wesentlich schneller, aber das Fleisch wird nicht optimal weich. Der Sauerbraten ist dann gar, wenn man mit einer Stricknadel ganz leicht ins Fleisch stechen kann. Das Fleisch herausnehmen und in einem Beutel verschlossen im kalten Wasserbad abkühlen lassen.
Folgetag	ganzer Braten in 0,5 bis 1 cm dicke Scheiben schneiden und in Portionen aufteilen
	Zusatzportionen in tiefkühltaugliche Geschirre legen und kalte Bouillon dazugeben, bis das Fleisch damit gedeckt ist
Fleisch für heutiges Gericht	schuppenartig in Geschirr legen, mit Sauce übergiessen und bei etwa 70° C wärmen

Sauce

1 EL Olivenöl	in einen Topf geben
50 g Karotten	und
50 g Sellerie	und
50 g Lauch	kleinschneiden und knackig dünsten
2 dl Rotwein	in Topf geben und aufkochen lassen
	Beize dazugeben und ein Drittel einkochen
1 EL Glace de Viande	(oder Bratensauce) dazugeben
1 TL Maizena	mit wenig Wasser anrühren und gewünschte Konsistenz erstellen, mit
Salz und schwarzem Peffer	abschmecken
Tipp	Siedfleisch und Schmorbraten gare ich mit Ausnahme der Sauce gleich.

Die fünf Garmethoden

Ossobucco à l'Orlow

4 Ossobucci	(Kalbshaxen) mit Wasser abspülen und mit Küchenpapier trocknen
	Backofen auf 130° C vorheizen
1 Bouillonwürfel 1 l Wasser	in auflösen, zum Kochen bringen und Topf vom Herd nehmen
1 dl kaltes Wasser	zugeben und die Haxen ohne anzubraten so in den Topf legen, dass sie knapp von der Bouillon bedeckt sind Topf wieder auf die Herdplatte geben, Temperatur etwa 30 Minuten überwachen, Flüssigkeit sollte nicht heisser als 80° C sein
	Topf geschlossen in den Backofen geben und Temperatur auf 75° C reduzieren
	Garzeit 10 bis 12 Stunden, machen Sie nach etwas 10 Stunden eine Garprobe mit der Stricknadel

Sauce

1 EL Bratbutter	in einen Topf geben
100 g Zwiebel	fein hacken
250 g Sellerie	fein schneiden
250 g Lauch	fein in Stücke von 4 mm schneiden
250 g Karotten	fein schneiden und alles glasig dünsten
2 Dosen Pelati	gehackt beigeben
1 EL Rohzucker	beigeben
25 g getrocknete Steinpilze Salz und schwarzem Pfeffer	halbieren, abspülen und beigeben, mit würzen 1 Stunde bei kleinem Feuer köcheln lassen

Kalbhaxen	in der Hälfte der Bouillon bei 60° C warm stellen, die andere Hälfte in einen separaten Topf geben, auf 2 dl einkochen lassen und mit
1 TL Maizena	binden, unter das Gemüse geben, aufkochen lassen und über die warmgestellten Kalbshaxen geben.

Begriffe

Schweizerdeutsch	Hochdeutsch
Apéro	Aperitif
Brät	rohe Bratwurstmasse
Bratbutter	Butterschmalz/eingesottene Butter
Bräter	Bratkasserolle
chambrieren	erwärmen auf Zimmertemperatur
Federstück	Spannrippe/Querrippe
Fettmocken	grosses Fettstück
Geschnetzeltes	fein geschnittenes Fleisch
Gratinform	Auflaufform
Hohrücken	Kern der Fehlrippe/hohe Rippe
Huft	Hüfte/Blume, Rumpsteak
Kabis	Kohl, Kraut
Kartoffelstock	Kartoffelpüree
köcheln	leicht kochen lassen
Konsistenz	Sämigkeit der Sauce
Karree-Blätz	flaches Fleischstück vom Carrée
Lammgigot	Lammkeule/Lammschlegel
Leberpain	Leberpastete
Marroni	Kastanien
Meerrettichschaum	Sahnemeerrettich
Minifilet	Innenfilet der Hähnchenbrust
Noilly Prat	trockener weisser Wermut
Pelati	geschälte Tomaten (in Dosen)

Peperoncini	kleine scharfe Pfefferschoten
Peperoni	Paprika
Pfanne	Topf
Plätzli	Schnitzel
Polenta	Maisgriessbrei
Poulet	junges Brathähnchen/Brathuhn
Poulet americaine	flach aufgeschnittenes Hähnchen
Poulet Butterfly	flach aufgeschnittenes Hähnchen
Rahm	Sahne
Rind bleu	Rind blutig
Rind saignant	Rind medium
Rind bien cuit	Rind durchgebraten
Rüebli	Karotten, Möhren
rüsten	vorbereiten, schälen, schneiden
Saucenrahm	Crème fraîche
Schweinsplätzli vom Stotzen	Schweineschnitzel von der Keule
Schweinsnierstück	Schweine-Lachs/Carrée
Stotzen	Keule, Schlegel
Streuwürze	Aromat, Fondor
Tiefkühlen	einfrieren
Tranche	Scheibe
Trockenbouillon	gefriergetrocknetes Bouillonpulver
Trute	Truthahn/Pute
Voressen	Ragout

Register

Alter 34
Aminosäuren 21, 29, 41
Anbraten 51
Aroma 34
Arzneimitteleinsatz 20
Aufwärmen 51
Autor 10

Backofen 43, 51, 55
Bakterien 18, 45, 58
Bärlauchsauce 84
Basler Leckerli 66
Berner Trutenpäckli 94
Besatzdichte 17
Bindegewebe 34, 48
Blumenkohl-Curry 90
Bözberger Minifilet 116
Braten mit Fett 76
Bratvergleich 29
Brustfilet 21
B-Vitamine 20, 50

Campylobacter 18
chambriert 14
Chinesische scharf-saure Suppe 140
Chutney 99
CMA Deutschland 20
Coq au Vin jaune 102

Deklaration 24

Eiweiss 29
Energieaufwand 13, 52, 56
Entenschenkel 74
Enzyme 13, 38, 39, 45, 50, 59

ETH Zürich 30
Fernsehköche 9
Fett 33, 48
Fettsäuren 20, 29
Feuchtigkeit 50, 78
Filet 34
Fleisch 58
Fleisch mit Knochen 54
Fleisch-Basis 29
Fleischexperte 32
Fleischfarbe 32
Fleisch-Qualität 32
Fleischreifung 38, 41
Fleischverderb 41
Fleischwaren 58
Füllung 23, 128

Gabelzart 13, 47, 60
Gans 23
Gänsebrust 64, 66
Garmethoden 63
Garprobe 55
Garstufen 88
Gastronomie 54
Geflügel 14, 17
Geflügelsaft 25, 59
Geflügelsuppe 136, 140
Geflügelzubereitung 22
Geschmack 23, 42
Geschnetzeltes 23, 107
Gesetze 60
GHP 18, 51
Grill 53
Grillspiess 98

Haltungsformen 17
Harnsäurewerte 21
Hilfsmittel 43
Honikel, Karl-Otto 10, 13, 38, 41
Huft 63
Hühnerpaprikasch 101
Hühnersuppe 133
Hygiene 18, 50, 57

Innerer Wert 20

Käfighaltung 19
Kalbsbraten 70
Kalbsbrust 46, 77
Kalbshaxe 63
Kalte Küche 58
Kältegeschädigt 13, 57
Karree-Blätz 84
Käsesauce 148
Kerntemperaturmesser 43
Kerntemperatur 23, 49, 52, 55, 65
Kochverlust 29
Kochzeit 55
Kohlenhydrate 29
Kontrolle 35, 57
Küchenlappen 19

Lammgigot 46, 54, 63
Lammnierstücke 63
Lebensmittelgesetz 59, 60
Lieblingsmuskel 35

Magerer Braten 64
Maillardreaktion 42
Marinade 39, 45, 88
Marmorierung 33
Marokkanisches Pouletsteak 97
Milchsäure 41
Minifilet à l'Orange 124
Minifilet als Salatbeigabe 120
Minifilet an Kräuter-Rahmsauce 121
Minifilet fritiert 118
Muskelaufbau 30
Myoglobin 32

Nadelprobe 133
Niedergaren 47, 65, 78

Ober-/Unterhitze 44
Ossobucco 152

pH-Wert 39, 45, 59
Poulet americaine 82
Poulet Butterfly 82
Poulet ganz 80
Pouletbrust 22, 33
Pouletbrust mit Feigen/Datteln 111
Pouletbrust-Roulade 146
Pouletcake an Käsesauce 148
Pouleteintopf 109
Poulet-Geschnetzeltes mit Curry 126
Poulet-Lasagne 138
Poulet-Leberpain 147
Pouletschenkel 79
Pouletschenkel mit Äpfel 114
Pouletschenkelsteak 89, 90, 93
Pouletstückchen orientalisch 110
Pouletwürfel mit Steinpilzen 100
Pouletwürfel Südamerika 112
provençale 93, 109

Qualität 31, 35

Reifearten 39
Reifezeit 21, 39, 41
Reifung 41
Reinigung 52
Reinigungslappen 59
Rindfleisch 39
Rindsbraten zum Schmoren 55
Rindsfilet am Stück 72
Rinds-Sauerbraten 150
Roastbeef 63
Rosinen 66
Rosmariesauce 66
Röstaroma 50
Rotweingeschnetzeltes 125

Saltimbocca 96
Sanftheit 48

Saucenfleisch 39, 128
Schenkel 33, 53
Schutzmantel 108
Schweinefleisch 39
Schweinshalsbraten 77
Schweinsnierstückbraten 63
Schweizer Fleisch 31
Senf 45
Senfsauce 89
Serviertrick 73
Siedfleisch 63
Spanische Pouletstücke 104
Steak 55, 87
Stern (Zeitschrift) 40
Streuwürze 45
Suppenhuhn 21, 132
Sweet and Sour Chicken 122

Tag-Nacht-Rhythmus 19
Temperatur 41, 44, 59
Thailändische Geflügelsuppe 136
Tiefkühl-Express-Spezial 108
Tierschutz 19
Tierwohl 17, 31
Trutenbraten 68
Trutengrillspiess 98

Trutenhackbraten 142
Trutenpäckli 94
Trutenragout spezial 130
Truten-Saltinbocca 96
Trutenschenkel ganz 134
Truthahn 23
Truthahnfüllung 145
Tumbler 24
Turbo-Reifung 40

Umgebungstemperatur 49
Umluft 43
Umweltbelastung 13

Vakuumpackung 36
Verkaufspackung 36
Vietnamesische Pouletschenkel 105

Wärme schenken 39, 40, 64, 76, 87
Wasser 30, 35
Zartmacher 53
Zentralheizung 40

Zubereitungsart 23, 41, 47
Zubereitungstemperaturen 19
Zuschnitt 34

Dank

Mein grosser Dank gilt

- den vielen Lesern, die mich mit einem Bericht, einer Frage oder einem Kocherlebnis angespornt haben, immer weiter zu forschen

- meinem immer gut aufgelegten, langjährigen fachtechnischen Lexikon im fernen Kulmbach, Prof. Dr. Karl-Otto Honikel

- Andi Schmal von der Frifag in Märwil für den Kick, sich noch mehr mit Geflügel zu befassen und auseinanderzusetzen

- dem Buchmacher Kurt Thönnes, der aus meinen anfangs chaotischen Gedanken ein sehr schönes Werk geschaffen hat

- meinem belastbaren Beziehungsnetz – Kaja und Hans-Uli, Annelis und Roland, Christa und Kurt – welches gerne isst, immer da ist und offen und klar seine Meinungen kundtut

- meiner ganzen Familie mit Anhang, die das Buchprojekt mehrheitlich nötig fanden und unterstützten.

Vom gleichen Autor

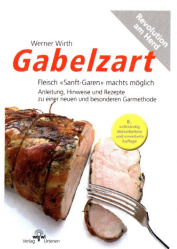

Gabelzart
Fleisch «Sanft-Garen» machts möglich

8., überarbeitete und erweiterte Auflage, 174 Seiten
illustriert mit zahlreichen Zeichnungen und Fotos
Format 17 x 23 cm, laminierter Pappband
Fr. 37.–
ISBN 3-9522763-1-8

Dieser erstmals 2006 erschienene Bestseller ist das Standardwerk für eine neue Garmethode Fleisch. Für die 8. Auflage wurde das Buch 2010 vollständig überarbeitet, erweitert und die Rezepte aktualisiert. «Gabelzart – Sanft-Garen machts möglich» räumt auf mit alten Ritualen und zeigt, wie einfach wesentlich mehr Genuss erreicht werden kann. Auf 174 Seiten wird das Garverfahren erklärt. Mehr als 60 Rezepte unterstützen die Umsetzung.

Zart garen
Die neue Niedrigtemperatur-Methode

128 Seiten, vierfarbig, Format 23 x 26,5 cm
laminierter Pappband
Fr. 27.50
ISBN 978-3-517-08449-7 (Südwest-Verlag)

Das wunderschön bebilderte Buch mit wenig Fachinformationen und über 50 vollständigen Rezepten. Die Ergänzung zum Fachbuch «Gabelzart».

Beide Titel erhalten Sie in der Schweiz auch bei

Verlag We Wi Längenrüppstrasse 70 CH-3322 Urtenen
Telefon 031 859 50 45 Fax 031 859 50 34 www.wewi2.ch verlag@wewi.ch